一生お金に困らない

MONEY
BEST
100

お金ベスト100

経済ジャーナリスト

荻原博子

JN005802

ダイヤモンド社

はじめに

　長引く新型コロナ感染症の影響で、仕事を失ったり、収入が減ったりして、経済的に不安を抱える方が多いようです。

　けれどそんなときも「**支払われない賃金を立替払いしてくれる制度がある**」「**パートでも有給休暇が使える**」「**上手な医者のかかり方がある**」「**電気代、ガソリン代、携帯代は下げられる**」などの情報を知っておくと、だいぶ心強いかもしれません。

　一方、生活は今のところ大丈夫だけれど、将来が不安、老後が不安という方もたくさんいます。そうした方は、「**上手なお金の増やし方**」「**年金が減らない働き方**」「**上手な年金のもらい方**」「**上手な相続税の減らし方**」などを知っておくと、安心できるかもしれません。

　本書はみなさんに多いお悩み100項目を10カテゴリーにわけそれぞれに「**こうすれば大丈夫**」という解決策を提案しました。

　20代には投資をすすめていますが、**60代以上**でも投資したいという人は、投資の項目を参考にしてください。**30〜50代**の方は、家族を養うという意味では、もっともお金の悩みが大きい世代。この世代の方々は目次を見ながら、**自分にあった項目を選びつつ、全体的に読んでいただくといい**と思います。

項目によっては、それだけで1冊の本が書けるようなテーマのものもありますが、**本書はその前段階の一生に必要なお金の知識のガイドラインの書でもあるので**、もっと深く知りたいという方は、別途、専門書をお読みください。

　本書は、少しでもみなさんのマネーライフを豊かにするために、**この1冊があればだいたいのことは安心だと思える内容**になるよう、心を込めてつくりあげました。
　また、どんな人にも「今すぐ役に立つ」と思ってもらえるよう、**誰にでもわかる平易な言葉を使いつつイラストを添え、1項目が見開きで完結するよう**、読みやすさについても考え抜きました。

　日本経済も、先が見えない不安定な状況に突入しています。
　こうした中で、**本書がみなさんの生活を守り、気持ちを明るくする羅針盤となること**を、心から祈っております。

2021年10月

経済ジャーナリスト　荻原博子

第 **3** 章 「キャッシュレス」お金ベスト10

cashless payment

第 **6** 章　「おひとりさま」向けお金ベスト10
for solo

OHITORISAMA

第 9 章 「20代」向けお金ベスト10

for 20s

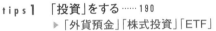

第 **10** 章　「**60代**」向けお金ベスト10
for 60s

「ズボラ」さん向け
お金ベスト10

for lazy person

第1章

tips 1 「休眠口座」を チェックする

意外なお宝が眠っているかも！

郵便局の貯金は、満期から20年2カ月出し入れしないで放置すると没収されることがあります。 なぜ、こんなことが起きるのかといえば、郵便局が国営企業だったときのルールが適用されているためです。**ズボラさんは注意しましょう。**

お金が没収されたら損！

没収の可能性があるのは、民営化前の2007年９月30日までに郵便局に預けた定額郵便貯金、定期郵便貯金、積立郵便貯金、住宅積立郵便貯金、教育積立郵便貯金など定期性の貯金で、満期後20年2カ月を経過しても、払戻しの請求をしないと没収されます。

2007年９月30日までに郵便局に預けた**通常郵便貯金、通常貯蓄貯金**についても、**2007年９月30日の時点で、最後の取扱い日から20年2カ月を経過している場合は没収されます。**

ただ、郵便局では、20年以上経った貯金については、あらかじめ「権利消滅の案内」を送ってくるので、その際はマイナンバーカードや運転免許証、パスポートなど本人を証明できる書類を持って、忘れずに窓口で払い戻してもらいましょう。

貯金した覚えはあっても、あまりに前のことなので、**証書や通帳を紛失してしまったという人も、窓口で相談すれば、通帳がなくても払い戻してもらえる場合があります。**

銀行は10年で「休眠口座」に!

　一方、銀行に預けた預金は、10年間出し入れしないと「休眠口座」として処理されます。休眠口座は、その一部を国が管理し、社会事業費として活用することになっています。

　とはいえ、預けた預金がいきなり休眠口座になるのかといえばそうではなく、9年以上入出金のない口座のうち、残高が1万円以上のものについては銀行は通知を郵送するので、住所が変わっていなければ手紙がきます。ただし、**残高が1万円未満だと、郵送通知なしで、国が管理する「休眠口座」になってしまいます。**

　郵便局に預けたお金も、民営化された2007年の10月以降に預けたものは、銀行同様、10年以上、入金や出金などの取引がなければ、2019年1月から休眠口座の扱いになっています。

お金を取り戻そう

「休眠口座」についても、没収されるのではないかと心配になりますが、**休眠口座は預金者が気づいた時点で銀行に申し出れば、出金・解約が可能です。**通帳や印鑑などを持って銀行に行ってください（あらかじめ銀行に連絡してから行くといいでしょう）。

　すでに通帳やキャッシュカードを紛失したという人も、身に覚えがあれば、問い合わせてみてください。身分証明証などを持参すれば、手続きできることが多いです。困るのは、引っ越しなどで休眠口座のある金融機関が近くにないとき。その場合は他の金融機関で手続きできないか相談できます。ただし手続きには1000円程度の手数料がかかることがあるのでご注意ください。

ズボラ
節約
キャッシュレス
臆病
パート・主婦
おひとりさま
もしものときの
やってはいけない
20代
60代

tips 2 「社内預金」をする
金利500倍で一番おトク！

　ズボラでお金がなかなか貯められない人に、うってつけの貯金があります。「社内預金」です。

　会社員がお金を貯めようと思うなら、まっさきに調べたいのが、会社にこの制度がないかということ。なぜなら社内預金は、積立預金の中では最も利率がいいからです。

利率はなんと500倍！

　社内預金は社員の福利厚生の一環として考えられており、だから普通の銀行よりも金利が高い！　ちなみに利率については、労働基準法第18条第4項の規定に基づく省令で、下限が0.5％となっています（2021年現在）。

　下限が0.5％なので、会社によっては1％、2％と、より高い金利をつけているところもあります（バブルの頃には8％、9％で預かってくれる会社もありました）。

　100万円、200万円といった、まとまった金額のお金を預ける場合は、0.5％より高い金利で預かってくれる銀行もありますが、1万円、2万円といった少額の積立で0.5％以上の金利をつけてくれる銀行はありません。もし、自分が勤めている会社に社内預金の制度があったら「ラッキー」だと思って、ぜひフル活用してください。

■ 社内預金と一般銀行の利率の違い

100万円を預けた場合

	利率	利息／1年
社内預金	0.5 %	5,000円
定期預金	0.01 %	100円
普通預金	0.001%	10円

普通預金
と比べて
利率500倍！

ズボラさんでも大丈夫！

　社内預金は金利がいいだけでなく、給料から自動的に毎月一定額が天引かれ、貯蓄されますから、**ズボラさんでも積み立て忘れることがない**ですし、気がつかないうちにお金が貯まります。

　ただし、有利な預金だけに、預けられる金額の**上限は決まっています**。この額は会社によって違うので、チェックしてください。

退職・倒産したら？

　社内預金は任意加入で、会社もしくは会社が委託する金融機関が管理し、**申し出ればいつでも引き出せる**手軽さがあります。

　ただし、今、高い金利がついていても、会社の方針で金利が下限の0.5％まで下げられたり、**会社を辞めたら解約**しなくてはならなかったり（労働基準法では、退職時には請求から7日以内に本人に全額返金）、**会社が倒産したら、最悪の場合、せっかくの積立が戻ってこない**可能性もあるので、それには注意が必要です。

ズボラ

節約

キャッシュレス

臆病

パート・主婦

おひとりさま

もしもの
ときの

やっては
いけない

20代

60代

tips 3 「財形貯蓄」をする
家を買うならコレ!

会社の「社内預金」(前項参照)の次におすすめなのは、**「財形貯蓄」**。会社にあればこれをフルに使いましょう。

財形貯蓄も社内預金と同じく、会社が社員の福利厚生の一環として導入する制度。**給料からの天引きで一定額が積み立てられますから、ズボラさんに向いています。**

アルバイトやパートでも!

社内預金と違うのは、会社ではなく、会社と提携した金融機関がお金を預かるということです。**金利も社内預金のように一律ではなく、金融機関ごとに異なります。** またこれは社員向けの制度ではありますが、条件次第で**アルバイト**や**パート**でも使えます。

「財形貯蓄」には3つある

財形貯蓄は、会社員が財産形成をする目的によって、**「一般財形」「財形住宅」「財形年金」**の3種類があります。

「一般財形」は、通常の積立預金のようなものなので、ほとんど特典がありません。一方、**「財形住宅」**と**「財形年金」**は、それぞれ「住宅の購入、新築、リフォーム」、「老後の安心のため」などの目的に沿って引き出す場合、どちらも元本と金利を合計して**550万円まで非課税になりますので、一般銀行よりおトク**です。

■ 財形貯蓄とは？

	一般財形貯蓄	財形住宅貯蓄	財形年金貯蓄
用 途	自由	新築・住宅購入・リフォーム	老後の年金資金のため
加入条件	勤労者であること	55 歳未満	55 歳未満
積立期間	3 年以上（原則）	5 年以上（原則）	5 年以上（原則）
税 金	優遇措置なし（課税される）	550 万円まで非課税 ※財形年金と合わせて利用する場合は合算して550万円まで	550万円（貯蓄型）・385万円（保険型）まで非課税 ※財形住宅と合わせて利用する場合は合算して550万円まで

最高4000万円借りられる！

　マイホームを買うために「財形貯蓄」をしている人は、**財形持家転貸融資で積立額の10倍、最高4000万円まで借りられます。**「財形住宅」「財形年金」は、総額で550万円まで非課税なので、金利が高いバブルの頃は、まず「財形住宅」で550万円の非課税枠を使い、家を買った後は「財形年金」の非課税枠を目一杯使うケースが多く見られました。でも今は超低金利なので、非課税枠を使うほど金利がつかないこともあり、積み立てるならどれでもいいかもしれません。ちなみに**金利は5年固定で0.68%**（令和3年10月1日現在）。金利は5年ごとに見直されます。

　住宅ローンは、**35年で超低金利のフラット35**のようなものも出ているので、財形が有利というわけでもなくなってきてはいます。

会社を辞めたら？

　財形貯蓄も**会社を転職、退職したら続けることはできません。**ただし、退職後2年以内に再就職し、再就職した先にも財形貯蓄の制度があれば継続できます。

ズボラ

節約

キャッシュレス

臆病

パート・主婦

おひとりさま

もしものときの

やってはいけない

20代

60代

「自動積立」をする

tips 4

ズボラさんは「しくみ」で貯める

会社に「社内預金」も「財形貯蓄」もないズボラさんがお金を貯めるなら、給料が振り込まれる口座から、毎月一定額を積み立てる**「積立預金」**をはじめましょう。

楽して貯めよう

「お金を貯めよう」というときに、できるだけ金利の高い金融機関で積み立てたいと思う人は多いでしょう。

けれど、**ズボラさんがそんな誘惑に乗ってはいけません。**金利のいい銀行を探してそこに一定額を移して積み立てをしようと思っても、必ず失敗します。なぜなら金利の高い金融機関に、毎月必ずお金を積み立てるのは、**かなり面倒が多い**からです。

ズボラな人ほど、そんなことは気にせず、自分の給料が振り込まれるその口座から、一定額を自動積立していくべきです。

長続きさせるのがコツ

たとえば、月々1万円の積み立てをするとしましょう。その場合、給料振込口座でない金融機関の口座で積み立てると、毎月決まった日に、その金融機関に1万円を入れなくてはいけません。

これが面倒だからと自動振込にしようとすると、**利息よりも高い振込手数料**を取られ、預金がマイナスになってしまいます。

毎月1万円を、わざわざ給料振込口座とは別の金融機関に持っていくのはズボラさんには難しい！ 結局、途中で積み立てが途絶え、お金が貯まらない結果になります。

　だとしたら最初から、金利は低くても、給料が振り込まれたら自動で口座から積み立てられるしくみをつくった方が、長続きしますし、気がついたらまとまったお金が貯まるはずです。

お金がまとまったら預け替え！

　今は金利が0.001％ですから、月１万円の積み立てではほとんど金利はつきません。でも、コツコツ積み立てたものが、いつかまとまり100万円なり200万円なりのお金になったら、今度はしっかり金利がつく金融機関を探して**「定期預金」**で預けましょう。「定期預金」もそこまで金利はよくないですし、中途解約もできてしまいますが、**「せっかく貯めたのだから満期まで置いておこう」**と思うことが多いので、まとまったお金を持ち続けるにはおすすめです。ズボラさんが上手にお金をつくるには、**コツコツ貯めて貯まったお金を上手にキープ**。これが財産形成の基本です。

tips 5 「ネット保険」に変える
保障が同じなら安い保険に乗り換える

　生命保険は、1回入ったら終わりではありません。

　同じ保障を買うにしても、会社によって価格が違うので、ズボラさんは定期的な見直しを、忘れないようにしてください。

「保障」の値段はどこも同じ!

　生命保険の保障には、「死亡保障」と「入院（通院）保障」があります。この2つの保障の値段は、実はどこも同じです。

　たとえば「死亡保障」について見てみましょう。

　死亡保障は、厚生労働省が作成する「生命表」という、特定の年齢、性別の人に関する死亡率や平均寿命を示す表を元に決まるのですが、これは各社が同じデータを元に、同じくらいの運用利回りで運用するため、保険料はほぼ同じになります。これを「純保険料」と言います。

じゃあなぜ値段が違うのか?

　では、同じ保障を買うのに、高い会社と安い会社があるのはなぜでしょう。それは保険を売るには人を雇ったり、宣伝したり、店舗や備品などさまざまな経費（付加保険料）がかかるためです。多くの会社は純保険料に、会社によって経費が違う「付加保険料」を上乗せして額を決めます。だから値段が変わるのです。

■ 会社によって値段が違う

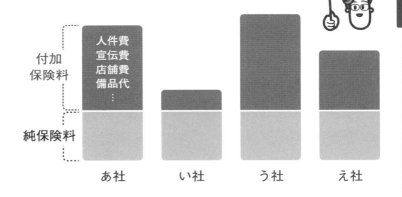

ズボラ

節約

キャッシュレス

臆病

パート主婦

おひとりさま

もしもの
ときの

やっては
いけない

20代

60代

「ネット保険」の方が安い！

　生命保険は、死亡したら加入者側が死亡診断書を取り寄せ請求、病気で入院したら、病院で入院証明書を取り寄せ請求しなくては、保険金や給付金をもらえません。

　つまり保険は、保険会社への連絡から書類の提出まで、基本的には加入者サイドが行うことになります。ですから保険会社にとって保険は、アフターフォロー不要な金融商品といえます。

　そうだとしたら、経費が安い保険会社のほうが保険料は安くなる！　つまり同じ保障なら大きな店舗を構えて人海戦術で大々的に営業、宣伝することで加入者を募る会社より、ネットなど経費がかからない保険会社のほうが保険料は安いということ。

　そうだとしたら、経費の少ない保険会社に乗り換えるのが有効かもしれません。ズボラさんは一度確認してください。

※ただし、171ページでも紹介した通り、加入時期によっては、乗り換えてはいけない保険もあるので要注意！

tips 6 「火災保険」の まとめ払いをする
2021年はコレがトク!

　自宅、賃貸にかかわらず、多くの人が加入している「**火災保険**」。

　実は火災の発生数は年々減少しているにもかかわらず、火災保険の保険料は2021年1月に、**6〜8％も値上げ**しました。

　なぜこんなに上がるのかといえば、火災保険は火災の補償をするのみならず、**風水害など自然災害による被害も補償**しており、ここ数年、大きな自然災害が立て続けに起きているからです。それらの補償を行うため、その分、保険料が上がるのです。

　こうした中で、割安に火災保険に加入するには、どうすればいいでしょうか。

値上げの前に契約!

　火災保険には、「**月払い**」、「**年払い**」、「**一括払い**」があります。

　そして「月払い」よりも「年払い」が、「年払い」よりも一定期間の保険料をまとめて払う「一括払い」が割安です。

　ちなみに**現状、2年から最長10年までのまとめ払いができる**のですが、10年のまとめ払いにすると、年払いよりも**約18％**、保険料が安くなります。

　この先も自然災害は増える可能性があり、そうなると火災保険の保険料は上がっていきます。**でも10年契約にしておけば、そ**

■ 保険金支払い額の推移

主な風水災等による年度別保険金支払額の推移

(億円)

年度	金額

2011 1,764億円 — 台風15号 1,123億円
2012 629億円 — 2月雪害 3,224億円
2013 4,101億円 — 台風15号 1,642億円
2014 406億円
2015 2,166億円 — 台風21号 1,217億円
2016 228億円
2017 1,855億円
2018 1兆5,695億円 — 台風21号 1兆678億円 台風24号 3,061億円 7月豪雨 1,956億円

※日本損害保険協会資料より

の間に自然災害があったとしても、保険料は上がりません。

早めに10年契約を

　実は今まで最長10年だった火災保険のまとめ払いが、**2022年からは、最長5年に短縮される見通しです。**なぜかといえば、前述したように自然災害が多発しているからです。

　ですから余裕があるなら今のうちに、**10年契約にしておいた**方がいいかもしれません。そして前項同様、**ネット保険を検討し**たり、必要な補償に絞って加入し直すのもいいでしょう。

　たとえばマンションの10階に住んでいるなら、床上浸水の心配はまずありませんね。そうであるなら水害補償は外せます。

　ズボラさんは更新時の選択はぜひ気合いを入れてやりましょう。

「小さな出費」を減らす

「ビッグデータ」で年7478円のトク!?

ズボラさんはお金を増やすと同時に**減らさない工夫**も大事です。

みなさんは「ビッグデータ」という言葉を聞いたことがあるでしょう。ビッグデータとは、一般的な情報処理では困難なほど膨大で複雑なデータの集合体のことで、実はこの**ビッグデータを使いこなすとトクをします**。

天気予報でトクをする!?

たとえば**天気予報**。ちょっと古いデータ（2013年）ですが、日本気象協会の調べによると、天気をチェックしなかったために、4人に1人が出先で雨に降られ、傘を買ったりタクシーに乗ったり、中にはコートや下着まで買う羽目になることで、**年間平均7478円も損をしているということです（!）** ズボラさんには、心当たりがあるでしょう。

今はゲリラ豪雨やうだるような暑さなど、気候変動がとても激しく、余分な出費も増しているはず。ムダな出費をなくすには、天気予報がより重要になっています。

小銭をバカにしてはいけない

昔に比べて、天気予報が当たるようになっています。きっと膨大な量のビッグデータを駆使して予報するからでしょう。

洗濯指数　　　　傘指数　　　　お出かけ指数

こんなにたくさん
情報が！

洗車指数　　風邪ひき指数　　暖房指数

日本気象協会の
ホームページより

　日本気象協会のホームページでは、郵便番号を入れると、自分が知りたい場所の天気予報がピンポイントで出てきます。

　これなら旅先でも、雨に備えた準備ができますね。

「ダイナミックプライシング」とは？

　ビッグデータは、モノの価格にも大きな影響を与えています。

　たとえばビッグデータの情報とＡＩを駆使して価格を決める「ダイナミックプライシング（価格変動制）」を採用するレジャー施設、コンサートなどが増えています。

　野球のチケットもそう。平日か休日かといった日並びだけでなく、野外の場合には開催時期の天候や暑さ寒さ、見やすい席であるか、人気の選手が出るか、優勝など特別なイベントが重なっていないかなど、多角的な要素でチケットの価格が変わります。

　過去の膨大なビッグデータからＡＩが数値化して分析し、顧客の満足度と経営側の利益を考察して価格を出しているわけです。

　こうしたしくみを知っておけば、予想を立てて、より安くチケットを手に入れることができるかも！　ズボラな人でも、ちょっとの工夫で活用できればいろいろおトクに楽しめます。

tips
8

「習慣」を変える

財布には1000円しか入れない

ズボラさんが出費を減らすいい方法がもうひとつあります。原始的な方法ですが**財布に大金を入れない**ということです。

ムダができない状態をつくる

たとえば財布に1000円しかなく、会社に仕事に出かけなくてはいけないとしたら、あなたは駅のホームで電車を待つ間、**缶コーヒー**を買って飲むでしょうか。

財布に1000円しかないことを考えれば、「1000円でお昼を食べるから、缶コーヒーを買うのはやめよう」と思うはずです。

ただそうはいっても、「モーニングコーヒーくらいは飲みたい」という人は、次の日から**ポットにコーヒー**を入れて家を出るかもしれません。

昼になって「何を食べようか」と考えたときも、1000円しかなければ「1000円のランチはやめておこう」となるでしょう。

立ち食いそば屋に入っても、無意識にトッピングしていた**卵とかき揚げ、エビ天**を、値段を見ながら選択するかもしれません。卵とかき揚げは載せたいから、エビ天は我慢しよう、と思うかもしれません。

缶コーヒーが130円、エビ天が170円、これで合計300円の節約になります。

苦もなく月6000円!

仮に1日300円節約したとして、週に5日会社に行けば1500円。**1カ月では約6000円の節約**になります。

ズボラさんは特に、「1日300円の節約をしよう」と思っても、続かない方が多くいます。けれど「1日1000円だけしかない」と決めてしまえば、意外とできるかもしれません。

「1日300円の節約をしよう」とふんわりと思っても、実行は難しい。でも **「1日1000円だけしか持っていかない」と決めたなら、その中でやりくりするしかないからです。**

習慣を断つ!

イギリス生まれの心理学者で南カリフォルニア大学の**ウェンディ・ウッド**教授は基礎研究で、**日常の行動の43%は習慣的**であることを明らかにしました。また、『習慣の力　The Power of Habit』の著者、**チャールズ・デュヒッグ**は、**「習慣を変えれば、人生の4割が好転する」**と言っています。

ただ、そうはいっても、毎朝の「駅のホームの缶コーヒー」や「一生懸命に働いたのだから、お昼はちょっと豪華に」の習慣をすぐやめるのは難しいかもしれません。

そんなときは「習慣をやめる」のではなく、使えるお金に制限を設け、習慣的に行っていた行動を選べなくするのが得策です。

そうやって、1週間でいいので1000円しか使わない生活に変えてみると、もしかしたらポットにコーヒーを入れて持ち歩くことが新しい習慣になっているかもしれません。

tips
9

「超過分」を貯める
「小規模企業共済」でおトクに貯める

　最近はフリーランス（自営業者）の方も増えていますので、最後に２つ、フリーランス向けのテクニックもご紹介しましょう。

　税理士を立てないフリーランスの方は、確定申告から何から自分でしなくてはなりません。**このときズボラさんだとかなりの損をしています！**　ここでご紹介するワザは、一度手続きしてしまえば、後の面倒がないものです。ぜひ検討してください。

超過分を積み立てよう

　自営業者は収入にバラつきがあるので、決まった金額を貯金すると生活できない月も出てくるでしょう。そういう方はまず、**毎月口座に一定額を残し、それを超えた分は貯金に回す**ようにすれば、毎月の生活費が確保できます。

　銀行によっては、毎月、口座に一定額を残し、超過分を積み立てられる商品もあります。たとえば、みずほ銀行の「みずほ積立定期預金」の場合、積み立ては下記の３パターンから選べます。

【定額積立方式】　　あらかじめ指定した日に一定額を積み立て
【随時積立方式】　　期日を指定せず随時積み立て
【スイング積立方式】指定した日の口座残高が最低指定残高以上
　　　　　　　　　　なら、超過分を積み立て

これは自営業者に限りませんが、こうした商品を使って、一定額を口座に残し、あとは自動で積み立てるのもおすすめです。

三菱ＵＦＪ銀行も同様に、毎月、普通預金の指定口座に一定のお金を残し、オーバーした分を貯蓄預金口座で貯められる商品があります。ちなみに**口座残高が一定金額を下回ると、貯蓄預金口座から一定残高になるようお金を戻すサービスもあります。**こちらは１回の取り扱いにつき、110円の手数料がかかります。

「iDeCo」より「小規模企業共済」

自営業者の場合、預金をするより「小規模企業共済」に加入して、**節税しながらお金を貯める方法もあります。**

「小規模企業共済」は、一度加入手続きをすればずっと続けられますし、掛け金は全額**税額控除**になりますから、支払う税金を減らすことで、お金を貯めることができます。

同じく税額控除が受けられる金融商品に、個人型確定拠出年金「iDeCo（イデコ）」がありますが、**「iDeCo」は、60歳になるまで引き出すことができません。**

自営業者の方はいつ不況に見舞われるかわからないので、現金を用意できるようにしておくことが大切です。そんなとき「iDeCo」は役に立ちません。

一方、「小規模企業共済」なら、お金が足りなくなったら預けているお金を担保に９割まで、低利で融資を受けることもできます。ですから自営業者の方なら、**「iDeCo」に入る前にまず「小規模企業共済」に加入**することを検討したほうがいいでしょう。

ズボラ

節約

キャッシュレス

臓病

パート・主婦

おひとりさま

もしものときの

やってはいけない

20代

60代

tips
10

「付加年金」を払う

フリーランスは月400円で
一生おトク!

もうひとつのワザをご紹介しましょう。

自営業者の方は、サラリーマンに比べてもらえる年金が少ないのをご存知ですか？　平均的に見てどれくらいかといえば、**サラリーマンが月額14万6162円もらえるのに対し、自営業者は月5万6049円！**（2019年度厚生年金保険・国民年金事業の概況）

自営業者が加入する国民年金は、満額支給されても年額78万100円、月額だと約6万5000円（2019年度）です。

月400円で一生増える！

自営業者がこれを少しでも増やすには、国民年金に**付加年金**をプラスする方法があります。

付加年金は、国民年金の保険料に月額400円を上乗せして支払う年金です。これを払うと将来もらう老齢基礎年金に200円がプラスされます。

付加年金とは？

たとえば10年間、月400円の付加年金を支払ったとします。すると400円×12カ月×10年で、累計4万8000円を支払うのですが、そうすると老後にもらえる年金が、年間、**200円×収めた月数**（12カ月×10年）分、つまり2万4000円増えます。

これだけだと「４万8000円を支払って２万4000円もらうなんて損だ！」と思うかもしれません。

　でも年金は死ぬまで毎年もらえます。つまり、２年経つと４万8000円もらえることになるので払った保険料が回収され、**10年経つと19万2000円おトク、20年経つと43万2000円おトク、30年経つと67万2000円おトクになる、**ということです。

まとめ払いでもっとトク！

　「付加年金」には加入手続きが必要ですが、それさえすれば、あとは国民年金保険料と一緒に引き落としてもらえます。ズボラさんでも面倒なことはありません。

　また**付加年金はまとめ払いがよりおトク。**口座振替で１年払いにすると100円引きになりますので、国民年金と合わせてまとめ払いがいいでしょう。通常の公的年金は、物価が上がれば相応に支給額も上がりますが、付加年金は10年後も20年後も支給額が変わりません。でも、月400円くらいの支払いですから、保険のつもりで支払っておくのがおすすめです。

■「付加年金」のしくみ

10年間付加年金に加入すると……？

（支払う額の合計）
400円 × 12カ月 × 10年
⬇
48000円

（増える年金の額／年）
200円 × 12カ月 × 10年
⬇
24000円

付加年金は
「２年で元がとれる」
おトクな制度！

つまり10年間で48000円払ったら

１年間に
24000円

プラス でもらえる

➡ これが一生続く！

ズボラ
節約
キャッシュレス
臆病
パート主婦
おひとりさま
もしものときの
やってはいけない
20代
60代

「節約系」
お金ベスト10

saving money

第2章

tips 1

「行きつけの病院」を決めておく

いきなり大病院だと5000円の損!

紹介状もなくいきなり大病院に行くと、5000円から1万円の「特別料金」が上乗せされるのをご存知ですか?

たとえば、地元のお医者様で診てもらうと、初診料は2880円ですみますが、**紹介状もなくいきなり大病院に行くと、プラス5000円から1万円余計にかかる**ということです。

医療費が3割負担の人の場合、医者にかかるときの費用は自己負担が3割、高額医療の場合は「高額療養費制度」で医療費はもっと安くなります。でもこの「特別料金」は**全額自費**で、健康保険が適用されません。

ですから**病気になってもいきなり大病院には行かず、とりあえずは、近所の信頼できる「かかりつけ医」に診てもらう方がいい**でしょう。

750円で5000円のトク!

ちなみに、かかりつけ医に大病院への紹介状を書いてもらうと「診療情報提供料」がかかるのですが、これには**健康保険が適用されるので自己負担3割の750円ですみます。** 紹介状があるとなにかと優先的に診療を受けられますから、時間的にもおトクです。

大病院は、専門が細かく分かれています。ですから多くの人は、「病気になったら、大病院で診てもらったほうが安心だ」と思う

■ 特別料金

病院の種類	特別料金	
大病院 （200床以上）	初診5000円以上 再診2500円以上	歯科は 初診3000円以上 再診1500円以上
中小病院 （200床未満）	なし	
診療所 （20床未満）		

ズボラ　節約　キャッシュレス　臓病　パート・主婦　おひとりさま　もしものときの　やってはいけない　20代　60代

かもしれません。

　でも、お医者様は専門家だからこそ、皮膚の疾患で皮膚科に行ったら皮膚の薬をもらったけれど、実の原因は内臓疾患だったなんてケースもありえます。

　そういうとき街場の医者は、専門は持ちつつもさまざまな症状の患者を広く診ているので、初診でたしかな診察をしてもらえることがあるものです。

　ですから**まずはかかりつけ医に診てもらい、そこでは手に負えなかったり、より詳しい検査が必要になってはじめて、大病院の適切な診療科に紹介状持参で行くほうがいい**のではないかと思います。

　日本は高齢化社会を迎え医療が逼迫していく状況にあります。

　これは日本でも、アメリカの**ホームドクター**にあたる「**かかりつけ医**」を持つことで、街場の医者が診てなんとかなる病気は、そこで解決してくださいという制度でもあるのです。

tips 2 「お薬手帳」をつくる
手帳があれば医者の薬は一生安い！

　みなさんは、医者から出された処方箋で薬を買うとき、どこで買っても同じだと思っていませんか？　実は**同じ病院、同じ医者が出したものでも、薬局によってその値段は変わります**。

　なぜそうなるのかというと、薬そのものの代金は日本全国同じでも、薬を調合してもらう際の**調剤技術料**や**薬剤服用歴管理指導料**が薬局によって違うからです。

　イメージとしては、たくさん薬を扱う調剤薬局は量が多いので手間賃（調剤技術料など）が安く、病院から遠く離れたところは客が少ないので高くなるといったところです。ですから薬は、**病院の敷地内にある薬局**が一番安く、次が病院の前にある**門前薬局**、次が量をたくさん扱う**大手薬局チェーン**、最後が**街の薬局**という順番になるケースが多いです。

「お薬手帳」で一生おトク！

　ちなみにみなさんは「お薬手帳」を持っていますか？　「お薬手帳」とは、いつ、どこで、どんな薬を処方してもらったかを記録しておく手帳です。これは薬局で薬をもらうときにつくってもらえて**発行料は無料**です。

　実はこの手帳を持参すると、先の指導料は380円、持参しないと500円になります（平均）。その差120円（現役で働いている

ズボラ

節約

キャッシュレス

臓病

パート・主婦

おひとりさま

もしもの
ときの

やっては
いけない

20
代

60
代

方は健康保険の自己負担が３割なので差額は40円（四捨五入））。長い目で見れば**これはつくったほうがおトク**です。

薬のムダも避けられる！

いくつもの病院で診てもらっている人の場合、同じ薬を重複して購入しているケースもありますから、そんなときも**「お薬手帳」があれば重複を避けられ40円以上の節約が期待**できます。

また特定の薬をもらったときに出る副作用も防げます。

薬には、一緒に使用すると体調が悪くなる、素人ではよくわからない組み合わせがあるものです。手帳があればそれも防止できますし、**記録をすれば過去に飲んだ薬によるトラブルや、薬と合わない食べ合わせなども発見できます。**

旅先で病気になったときも「お薬手帳」があれば、かかりつけのお医者様でなくても飲んでいる薬がわかりますから、適切な処置がなされるでしょう。

■ 調剤基本料の値段

薬局のタイプ	病院の中の薬局	大きな病院の前にある門前薬局	街中の小さな個人薬局
点数	9点	16〜26点	42点

※1点=10円　※2020年4月現在

tips 3 「格安スマホ」にする
ガラケーとスマホの2台持ちで
月3000円以下になる!

　　節約をしたいなら「固定費」の削減が大事になります。 今、なにより気になる固定費は「携帯」かもしれませんね。

　　2020年4月に、**楽天モバイル**がdocomo、au、ソフトバンクに続く「第4のキャリア」として登場しました。データ利用量無制限で月々2980円。割安感のあるプランには驚かされます。

　　楽天モバイルはまだ、docomo、au、ソフトバンクに比べると基地局の整備が十分ではない面もありますが、郵便局と提携したことで、郵便局の局舎を利用して、かなり広範囲にネットワークを広げられるのではないかと思います。

今すぐ高いスマホを手放そう

　　"安さ"という意味では、やはり"**格安スマホ**"が有利です。**格安スマホは料金が各社、月2000円台と安いので「つながりにくいのでは」「音声が不安定では」「使えるエリアが狭いのでは」と、いろいろ心配になります。けれど心配はほぼ無用です。**

　　なぜなら、格安スマホの会社が使っているネットワークは、大手通信会社の通信回線だからです。そのため使えるエリアや条件は大手携帯電話会社とほぼ同じ。大手のように自前の設備を持たずに、設備を借りているぶん、月々の使用料が大手スマホより安くなるというわけです。

スボラ

節約

キャッシュレス

臓病

パート主婦

おひとりさま

もしものときの

やってはいけない

20代

60代

通話はLINEやスカイプで!

格安スマホの場合、Wi-Fiなしでは月に好き放題何本も映画を見るのは難しいかもしれません。また、通信が殺到する時間帯に動画を見ると、速度が多少遅くなる可能性はあるでしょう。ただ、格安スマホであっても、**日常生活で使うぶんにはさほど差し障りはない**はずです。

最近は月額500円台でデータ通信に特化したプランも出ています（イオンモバイルなど）。通話をせずメールで事足りる子どもに持たせるには手頃なプランではないでしょうか（**もし通話したければ、「LINE」や「スカイプ」**を使わせればいいのです）。

2台持ちも手!

営業でメールも電話もガンガンに使うという人なら、格安スマホとガラケーの2台持ちも手。ガラケーのメリットは、音がよく電池が長時間持つことです。さらには料金も安く、慣れている人ならメールも早く、折り畳めばポケットにも入ります。

たとえばdocomoのガラケー「カケホーダイ」2420円と、イオンモバイルの2台持ちなら、**合計3000円未満で、料金をそこまで気にせず、電話もメールも可能です。**

格安スマホは、ネット通信料は安いものの、音声通話料金は高いので、通話の多いビジネスユーザーには避けられる傾向がありました。でも今は格安スマホでも、制限なしの通話定額がついたプランなどが出はじめています。そうだとすれば、家計の出費を抑えるためにも、格安スマホは必需品かもしれません。

「契約アンペア」を下げる

電気代が年、約7000円安くなる!

電気代も固定費の一部です。 電気代の節約法はいろいろありますが、最も手っ取り早く、1回やればその後ずっと節約になるのが、**契約アンペアの引き下げ**です。

基本料金が年、約7000円下がる!

電気代が高いご家庭は、どれくらいの**契約アンペア**で電気を使っているかを見てみましょう。

東京電力の場合、契約アンペアは検針票の右上に記載され、ここで基本料金が変わります。

たとえば**契約が60アンペアだと基本料金は月1716円、40アンペアになると月1144円と月572円も下がります。年間にすれば6864円(!)も安くなる**というわけです(次図参照)。

電気は使えば使うほど「割高」!

電気は基本料金とは別に電力量料金があり、こちらは3段階になっています。1段階目は最低限の生活水準を満たす「ナショナル・ミニマム」という考え方から最も安く、東京電力でいえば120kWhまで1kWhにつき**19円88銭**。2段階目は標準的な家庭が使うことを前提に**26円48銭**に。3段階目以降は**30円57銭**とより単価が上がるしくみです。

■ アンペア数の計算（例）

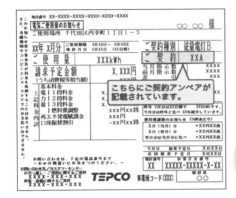

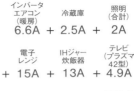

TEPCOホームページより

インバータ エアコン （暖房）		冷蔵庫		照明 （合計）
6.6A	+	2.5A	+	2A

電子 レンジ		IHジャー 炊飯器		テレビ （プラズマ 42型）
+ 15A	+	13A	+	4.9A

$$= 44.0A ≒ 50A$$

冬の夕食時、キッチンと
居間で電気を使うときの
アンペア数は
50アンペア
これが契約の目安。

ズボラ

節約

キャッシュレス

贈病

パート主婦

おひとりさま

もしもの ときの

やっては いけない

20代

60代

ですから**電気は、1段目に2段目をプラスしたくらいで抑えられると、割高な電気を使わずにすむ**わけです。

使い方も変わってさらにトク！

契約アンペアを下げると、電気の使用量そのものが減り、その意味でも電気代が下がることがあります。

たとえば契約アンペアを下げたとき、エアコン、冷蔵庫、照明、電子レンジ、炊飯器、テレビ、ドライヤーを一気に使うと、ブレーカーが落ちてしまいます。ですから必要のない照明がついていないかチェックしたり、掃除も時短で手早くやろう、洗濯物はなるべく乾燥機を使わず外干しにしようなどの工夫をするようになるからです。**エコになって電気代も安くなれば最高ですね。**ぜひ検討してください。

tips 5

買わずに「借りる」
借りればその分貯められる

　「家は買ったほうがトクか借りたほうがトクか」と、若い方によく聞かれます。昔は家が「資産」でした。持ち家が値上がりすれば、それを売ってより大きな家に住むことができたからです。

　けれどそれは日本の人口が増えていた時代のこと。今や子どもは一人っ子が多く、親世代が持ち家だと、**一人っ子と一人っ子が結婚したら家一軒が空き家になって余ります**。そうなると家はもはや資産ではありません。

　総務省の統計によると、空き家は右肩上がりに増えていて、**2018年10月時点での空き家率は13.6％。東京では10.6％と10軒に1軒が空き家**になっています。

もう物は買わない！

　今後は雇用が流動化する可能性があるので、今までのように会社の近くに家を買って定年まで働くというモデルケースが成立しなくなる可能性があります。引っ越すことも考えると、大きな住宅ローンを組むにも**リスク**があると言わざるを得ません。

　このように**これからの時代は、家に限らず「物を持つ」ことが、必ずしも合理的ではなくなります**。

　なぜなら、必要なときに必要なものを簡単に借りられるようになるからです。

車も家電も島も借りられる！

　地方で車は必需品ですが、都心だと、レンタカーやカーシェアも豊富にあって、所有感覚で安上がりに使えます。その他、家電や日用品はもちろん、絵画やペットもレンタル可能。自治体などでは、無人島をレンタルしているところもあります。たとえば、瀬戸内海に浮かぶくじら島（岡山県）は、数十万円で島を貸し切りにすることが可能です。

「サブスク」を賢く使おう

　月々定額で借りる「サブスクリプション」のメニューも急増しています。

　新型コロナの中で注目された**ネットフリックス**のような定額で動画が見放題のものだけでなく、**音楽や家具、洋服**はもちろん、すぐ小さくなる**子ども向けのシューズ**や、毎月20着のアイロンがけ済みの**ワイシャツ**を定額で届けてくれるサブスクもあります。

　こうした多種多様のサブスクサービスを使えば、契約が継続している間は、常に最新バージョンのものを使えるので、購入して所有するメリットが薄まります。

　ホテルにも定額で利用できるサービスが出てきています。

　たとえば**帝国ホテル**がはじめた「**サービスアパートメント**」は、36万円で帝国ホテルに宿泊できるサブスクプランで、対象の99室は即日に予約が埋まりました。

　このようにこれからは「借りる」という選択の幅が広がりますから、この選択肢を検討し、節約に生かすことを考えましょう。

ズボラ

節約

キャッシュレス

臆病

パート・主婦

おひとりさま

もしものときの

やってはいけない

20代

60代

tips
6

「家賃」を値切る
更新時が値下げのチャンス!

　新型コロナで家計が苦しく、さまざまな出費を削っているのに「家賃は一度契約したら値切ることなどできない」と思っている人が多くいます。

　しかしなんでもそうですが、価格というのは「需要」と「供給」の関係で決まります。これは家賃も同じです。**大家が値下げ交渉に応じてくれれば、下げることはできます。**

　実は大家が値下げ交渉に応じなくてはならないケースが記された賃貸契約書があります。国土交通省が配布している**「賃貸住宅標準契約書(家賃債務保証業者型)」**です。

家賃は値切れる!

　賃貸ではさまざまなトラブルが起きるので、このトラブルを少しでも減らそうと国土交通省が音頭をとって作成したのが「賃貸住宅標準契約書」です。

　この契約書の第4条3項には、「甲及び乙(貸した人と借りている人)は、次の各号の一に該当する場合には、協議の上、賃料を改定することができる」とあり、**経済事情や周りの賃貸価格に照らし合わせ自宅の家賃が高くなっている場合**や、**近隣の家賃相場が下がっている場合**には、値下げ交渉ができることが明記されています。

ズボラ

節約

キャッシュレス

臓柄

パート主婦

おひとりさま

もしものときの

やってはいけない

20代

60代

　たとえば更新時に、自分が住んでいる物件の賃料をネットで調べてみた結果、**借りたときより安くなっていれば、それも交渉材料になりえます。**更新時に一度調べるといいでしょう。

　契約更新時は不動産業者に、この契約書を使ってほしいと言ってください。すでに別の契約書で契約している場合でも、この契約書を根拠に大家に家賃の値下げ交渉をすることもできます。

「原状回復」しすぎない！

　ちなみに退去するときは「原状回復」して部屋を返さなくてはなりません。でも**どこまでが「原状回復」なのかがわからない**こともあるでしょう。本来なら戻ってくるはずの敷金が、ほとんど戻ってこないケースもあるようです。

　国土交通省のガイドラインでは、「賃借人の居住、使用により発生した建物価値の減少のうち、賃借人の故意・過失、善管注意義務違反、その他通常の使用を超えるような使用による損耗・毀損を復旧すること」と定義しています。

　簡単に言えば、**入居したときには青々としていた畳が、退去時に茶色になっていたとしても、それは自然劣化、経年変化によるダメージなので、修繕費用は払わなくてもいい**ということです。

　また、入居したとき問題なかったクーラーが、退去するときあまり冷気が出なくなっても、**製品寿命で壊れたものの修理代は入居者が支払う必要がない**ということです。

　ですから、これを理由に敷金を返さない場合は、**契約違反**とみなされます。「原状回復」については、特にていねいに契約書を見るようにしてください。

tips 7 「コンビニ」を使いこなす
映画は最大500円OFF!
でもATMは要注意!

　マイボイスコム株式会社の調査（2019年）によれば、コンビニをほぼ毎日利用するという人は全体の6.1％、週4〜5回利用する人は8.6％、週2〜3回利用する人は19.9％と、コンビニがいかに私たちの生活に身近であるかがわかります。

そんなコンビニを賢く使うと、実は結構、節約できます。

コンビニで500円OFF!

　コンビニでは、「レジャー」「演劇」「映画」などのチケットが前売り価格で買えるところが多くあります。

　たとえば映画なら、セブン‐イレブン、ファミリーマート、ローソン、ミニストップが「ムビチケ前売り券（コンビニ）」を扱っています。これは前売り券と同じ料金でチケットが買えるサービスで、WEBで座席指定予約をします（ただし当日券の購入はできません）。ムビチケで買うと、一般料金に比べ300〜400円（最大500円）安くチケットを手に入れられます（ただし一部作品、一部映画館を除く）。

ATMには気をつけろ

　わざわざ銀行まで行かなくても、最近はコンビニのATMで銀行口座のお金の入出金をする人が増えています。

コンビニＡＴＭは銀行によって、手数料が無料になるケースもありますが、たとえば**三菱 UFJ 銀行は2021年６月から手数料を値上げしました。**

以前はある程度の預金残高があれば、手数料は「月２～３回無料」のサービスがありました。しかし今、このサービスは変更となり、預金残高がいくらあっても、給料あるいは年金の受け取り口座（10万円以上／回）でない場合や、インターネット通帳の利用がない場合は、手数料がかかることになりました。

普通預金の金利は今や年０.００１％。ここで得た利息など、330円の手数料で一気に吹き飛んでしまいます。頻繁に使う方は、ぜひ注意するようにしてください。

■ コンビニＡＴＭの利用料（三菱ＵＦＪ銀行の場合）

※消費税込み

24 引き出し・振込み・預け入れ	8:45～18:00	その他の時間帯
平日	220円	330円
土・日・祝日・12/31～1/3	330円	
毎月25日・月末日	無料	110円

高い

※セブン銀行、ローソン銀行の場合

〔優遇条件・優遇内容〕

優遇内容	通常利用時手数料（税込）	優遇適用条件	
		給与or年金の受け取り口座（10万円以上／回）	Eco通帳の利用有（インターネット通帳）
三菱UFJ銀行ATM時間外手数料	110円	何回でも無料	
提携先コンビニATM利用手数料	110～330円	2回まで無料	1回まで無料

ズボラ

節約

キャッシュレス

臓病

パート・主婦

おひとりさま

もしものときの

やってはいけない

20代

60代

tips 8 「散歩」でポイントを貯める

歩けば最大２万4000円のトク！

"散歩"をすれば、おトクなことがたくさんあります。

たとえば自治体がはじめているのが「健康ポイント制度」。自治体の悩みは高齢者が増えて医療費が増大すること。そこで住民の健康を増進させて医療費を減らそうと、2014年から総務省や厚労省、文科省の支援のもと「健康ポイント」がスタートしました。これは各自治体が提供する健康づくりのためのプログラムで、プログラムに参加し継続すると、**年間最大２万4000ポイント（２万4000円相当）のポイントが付与される**というものです。

歩く→ポイント→買い物→おトク！

たとえば大阪府の「アスマイル」は、アプリをダウンロードし毎日歩いたり、体重を記録したりするとポイントが貯まり、抽選でさまざまなものが当たります。特定健康診査でもポイントが貯まり、ポイントは電子マネーとして使えこれで買い物ができます。

神奈川県横浜市の「**よこはまウォーキングポイント**」では、無料で歩数計をプレゼント。１日2000歩以上歩くと歩数に応じて１〜５ポイント付与され、200ポイントを超えると3カ月ごとに抽選で商品券などが当たります。ドコモと提携したスマートフォン用アプリもあり、こちらでは横浜市内のウォーキングコースが100カ所以上見られます。2018年４月時点、市民の３割がダウ

ンロード。横浜市民の健康増進に役立っています。

　民間と連携して健康を増進しようとしている自治体もあります。

　新潟県長岡市の「ながおかタニタ健康くらぶ」では、タニタの技術で活動状況や血圧などを「見える化」し、ダイエットや健康づくりをサポートしています。ウォーキングだけでなく、さまざまな健康活動にポイントがつき、ポイントは長岡市内で共通商品券として使える他、健康グッズの購入などにも使えます。

歩いて「投資」ができるものも!

　自治体だけでなく各企業でも、無料のウォーキングアプリを使ったサービスが行われています。いくつかご紹介しましょう。

■ 歩くとおトクなサービス

 RenoBody(リノボディ)

1日8000歩をクリアすると、イオンの「WAONポイント」が1ポイントもらえる。WAONポイントは1ポイント=1円の電子マネーWAONとして買い物などに使える。

 Coke ONウォーク

コカ・コーラのサービス。1週間単位で自分の目標を達成すると、スタンプが1つもらえ、15スタンプで「ドリンクチケット」が1枚もらえる。ドリンクチケットは、全国に約36万台あるアプリ対応のスマホ自販機で、好きなコカ・コーラ製品と交換可。

 Money Step

投資をしてみたい人向け。1日1万歩で3ポイント=3円、1カ月20万歩で10ポイント=10円相当の「トラノコポイント」が貯まり、貯まったポイントは1円単位で投資アプリ「トラノコ」で、本物の長期分散投資に使える(5円から)。

 dヘルスケア

毎日の歩数や体重を記録すると、抽選でdポイントがもらえる健康アプリ。目標歩数を達成するとポイントが貯まり、1ポイント1円として買い物に使えるほか、スポーツジムのレッスンの割引などにも使用可。有料版は抽選なしにポイントがもらえる。

ズボラ

節約

キャッシュレス

臆病

パート・主婦

おひとりさま

もしものときの

やってはいけない

20代

60代

tips 9 特売品は「Z」で見つける
日々の買い物をおトクにしよう！

最近は新聞を取らない家庭も多いことから、**スーパーの特売チ
ラシ**が手に入らない人も多いでしょう。でも心配することはあり
ません。いま、インターネットでは、全国のスーパーのその日の
チラシを見られるサイトがいくつもあります。

■ ネットで見られるチラシサイト

Shufoo!
（シュフー）

イオン、イトーヨーカドー、西友、ダイエー、東急ス
トアなど、主だったスーパーのチラシを掲載してい
る、日本最大級のチラシサイト。ネットスーパーの
情報も豊富で「Shufoo!モール」ではネットスー
パーの今日の特売品をまとめてチェックが可能。

折込チラシ
ナビ

折込チラシナビ

スーパー、ホームセンター、ドラッグストアなどのチ
ラシに特化したサイト。Shufoo!などには載って
いないマイナーな地元密着型のスーパーも多く
掲載。

おトク情報は「Z」にある!

スーパーのチラシの多くは、「Zの法則」でつくられています。

チラシを見る人は、まず左上から「Z（ゼット）」の文字を書くようにチラシを見るので、スーパーが最も売りたいおトク商品は「左上」にあり、そこから視線が「右」に流れ、「右上」から「左下」に移り「右下」に行く。

Zの法則

つまりこの**「Z」の線上にその日の目玉品がある可能性が高い**わけです。試しに一度、チラシをチェックしてみましょう。

家族で協力して節約を

ネットチラシのいいところは、家の近所だけでなく、どこのチラシでも見られるところ。売っている商品は、店ごとに仕入れが違うので、価格も違います。

ですから、お父さんの職場の近くのスーパーで超お買い得商品を売っていたら、会社帰りにお父さんに買ってきてもらう。子どもの学校の帰り道のスーパーでお買い得品があったら、子どもに帰りに買ってきてもらう。

そうやって、家族みんなで力を合わせれば、食費はかなり抑えられます。

ただし、安いからと価格につられてたくさん買って腐らせてしまったら**ムダ遣い**になるので、必要なものだけ買いましょう。

スボラ

節約

キャッシュレス

臓病

パート・主婦

おひとりさま

もしものときの

やってはいけない

20代

60代

tips 10 「ガソリン代」を安くする

電気自動車の燃料費は
ガソリン車の５分の１！

　地方では、車はすでに「生活の足」。持たない選択はなくなっ
てきています。でも同じ乗るなら、おトクに乗りたいものですね。

長期的には電気自動車を検討しよう

　車の維持費は、普通乗用車よりも軽自動車の方が断然安くなり
ます。ただ普通車でも排気量が少なく、重量が軽い「コンパクト
カー」なら、ある程度まで維持費を下げることができます。買い
替えの際は比較検討するといいでしょう。

　維持費の中で最も高いのが「燃料費」。**維持費の約３割はガソ
リン代**とも言われます。エコカーなど燃費のいい車がいいのです
が、エコカーの場合、価格そのものが高いという欠点があります。

　ただ**ハイブリッド車**だと、ガソリンの消費がかなり抑えられま
す。**電気自動車も燃料費はガソリン車の約５分の１**。長く乗るな
ら車体と維持費、双方を鑑みて車を選ぶといいでしょう。

ガソリンはリッター10円の差もある

　**ガソリン価格は１リットル10円の差があれば、５キロ先のガ
ソリンスタンドに出かけてもプラス**になります。

　ですから安いスタンドを探して給油するのは大切。そのために
は、次のようなガソリン価格比較サイトを使うといいでしょう。

■ ガソリン価格比較サイト

ズボラ

節約

キャッシュレス

臆病

パート・主婦

おひとりさま

もしものときの

やってはいけない

20代

60代

gogo.gs

全国のドライバーやガソリンスタンドから寄せられた情報をリアルタイムに掲載

e燃費

ガソリン価格を地域別にランキング形式で掲載

NAVITIME

全国のガソリンスタンド情報、ガソリン価格を検索できる

「gogo.gs」で見ると、東京都のガソリン価格の平均はリッター155円、最も安い八王子市のセルフのスタンドは141円！　※2021年7月28日現在

アイドリング5回で100円のムダ！

　節約しようと思うなら、なるべくガソリンを使わない**エコドライブ**を心がけることも大切です。エコドライブ普及推進協会によると、車を発進するとき、ゆっくりアクセルを踏む「やさしい発進」（最初の5秒で時速20キロになるくらいが目安）を心がけると、**10％程度の燃料節約**になるそうです。走行中も車間を十分にとり、ムダな加速・減速をしなくてもいいようにすれば、**市街地では約2％、郊外では6％程度の燃料の節約**になるそうです。

　また**アイドリングは予想以上に燃料を食います。**10分間アイドリングすると130cc使うと言われているので、ドライブ中に**10分のアイドリングを5回繰り返すと約100円のムダ**になります。

　炎天下に車を置くなら、フロントガラスには日よけを装備！暑くなった車は、いきなりエアコンをつけるのではなく、左右のドアをパタパタさせて室内の熱気を外に逃がしましょう。

　こんなちょっとした習慣が、ガソリンの節約に結びつきます。

「キャッシュレス」
お金ベスト10

cashless payment

tips 1 「現金」を使わない

現金払いはもはや損!?

キャッシュレス社会が到来しました。

キャッシュレスとは、現金つまりお札や硬貨を使わずにお金を払う（決済する）ことです。

人類が紙幣を生み出したのは10世紀の中国だったと言われていますが、今や紙幣をはじめとしたお金は、インターネット内の「数字」に置き換わっています。

現金払いは損!

グローバル化で世界が1つにつながる中、インターネットの発達で、**現金を使わない数字だけの取引**が急増しています。

政府は2025年までに、キャッシュレス決済比率40％を目標に、キャッシュレス化に取り組んでいます。

キャッシュレスで支払えば多くはポイントも貯まりますので、便利な上におトク。逆に言えば、現金払いはポイントの分、損になるケースが増えています。

「メリット」vs「デメリット」

ただ便利なキャッシュレスにも**メリット**がある反面、**デメリット**もあります。

たとえば銀行口座から、キャッシュレス決済サービスで不正に

お金が引き出されたなどのトラブルが、国民生活センターや消費者センターに寄せられています。中にはIDやパスワードを悪用され数千万円の被害があったということも！

　便利な反面しっかりしたセキュリティー管理が求められます。

■ メリットとデメリット

メリット

★ 財布や現金を持ち歩かなくても買い物ができる

★ 財布に小銭が増えない

★ 支払い記録が残るので、金銭管理がしやすい

★ 手持ちのお金がなくても後払いで買い物ができる
（クレジットカードの場合）

★ キャッシュレス購入の多くがポイント還元をしている

★ 落としたり盗まれても使われる心配がない
（パスワードなどが必要な場合）

デメリット

★ 加盟店でしか使えない

★ 停電や通信障害の影響を受ける可能性がある

★ クレジットカードなどはついつい使い過ぎてしまう

★ ポイントの管理をしっかりしないとムダになる

★ 一度チャージすると現金に戻せないケースが多い

★ 電池切れになるとスマホ決済ができない

★ IDやパスワードを忘れると使えない

tips 2 「インターネットバンキング」を使う

手数料が安く便利でおトク!

キャッシュレス社会になった今、自分のお金を管理するには、毎日口座をチェックするくらいの慎重さが重要です。

そのためには通帳記帳ではなく、リアルタイムで銀行口座がチェックできる**インターネットバンキング**の活用をおすすめします。

便利で手数料が安い!

インターネットバンキングはさほど難しいことではありません。

口座があれば、簡単にはじめることができますし、銀行に行かなくても、自宅のパソコンで、**振込、振替、残高照会**などのサービスが受けられるので便利です。

今は銀行で通帳をつくると手数料がかかるところがほとんどですが、インターネットバンキングなら、いつでも口座確認ができますし、**窓口やATMより振込手数料なども安くておトク**です。

インターネットバンキングを使った振込なら、前日の夜に自宅でセットしておけば、翌朝一番、自動で振込が終了します。

残高がなくなった口座に別の口座から現金を移したり、定期預金を作成するなど、ほとんどのことは、銀行に行かずにできてしまいます。いつでもどこでも自分の口座がどうなっているかがチェックできるので、**キャッシュレス時代には、詐欺の予防にもつながります**。

■ インターネットバンキングの手数料

ズボラ

節約

キャッシュレス

膝病

パート主婦

おひとりさま

もしものときの

やってはいけない

20代

60代

振込先		当行同一支店あて		当行他店あて		他行あて	
振込金額		3万円未満	3万円以上	3万円未満	3万円以上	3万円未満	3万円以上
三菱UFJダイレクト (インターネットバンキング)	安い!	0円	0円	0円	0円	154円	220円
ATM	三菱UFJ銀行のキャッシュカード	0円	0円	110円	110円	209円	330円
	三菱UFJ銀行のキャッシュカード以外	0円	0円	110円	220円	209円	330円
	現金	220円	440円	220円	440円	374円	550円

三菱UFJ銀行の場合

慣れておくのが得策!

　実はこれから銀行の数が、どんどん減っていきます。今まで銀行は、地価の高い駅前の一等地に支店を構え、給料の高い銀行員を配置し続けてきました。

　けれどそれではとても儲からないことがわかり、銀行は支店や銀行員をどんどん削り、儲からない窓口での振込などはインターネットに切り替えさせ、儲けの大きい投資信託や保険の販売、ローン、遺言サービスなどに力を入れていこうとしています。

　たとえば三菱ＵＦＪ銀行は、2023年末までに**約300店舗**を削減予定。みずほ銀行も2024年をめどに**130店舗**を削減する予定です。**気づかぬ間に、近くの銀行の支店がなくなっている**ということもあるでしょう。そうだとすれば、今のうちにネットバンキングに慣れておくのが得策です。

tips 3 「キャッシュレス」で投資する

スマホ投資にも慣れておこう

　５Ｇ時代がスタートしています。５Ｇとは、高速、大容量の次世代通信。

　インターネットは日々進化していて、１Ｇ、２Ｇ、３Ｇから、今私たちの多くが使っているのは４Ｇです。

　これが５Ｇになると、速度や容量は20倍！　遅延時間は10分の１、私たちが日頃使っているパソコンやスマホなど同時接続できる周辺機器（デバイス）の台数は10倍になるとも言われています。生活が劇的に変わります。

■ 5Gとは？

4G	比率	5G	
1Gbps	×20倍	20Gbps	高速・大容量
10ms	×1/10	1ms	低遅延
10万デバイス/km²	×10倍	100万デバイス/km²	同時接続増

KDDI公式サイトより

ズボラ

節約

キャッシュレス

臨病

パート・主婦

おひとりさま

もしものときの

やってはいけない

20代

60代

投資もキャッシュレス!

5GとIoTの時代になると、支払いは完全にキャッシュレスになるでしょう。

これから投資をしたいという方も、投資の現場は、キャッシュレスに慣れていないと、儲けるのは難しい時代です。

今の時代は素人でも、投資をするならキャッシュレス。パソコン1つでプロと互角に勝負する時代になりました。

銘柄選びも発注も、すべて自分の思い通りにできるのはいいですが、結果はすべて自己責任。「待った!」は効きません。

スマホで投資!

楽天証券やPayPay証券、LINE証券など、スマホを使ってキャッシュレスで取引ができる証券会社は多くあります。

ただスマホの場合、パソコンに比べて操作画面が小さいので操作ミスや打ち間違いなどが起きやすい。また、銘柄をたくさん持っていると、パソコンのように一覧で見て売り買いすることができません。

スマホがあれば、いつでもどこでも簡単瞬時に取引できますが、パソコンに比べて情報収集力に限界があるので、スマホで投資する際は、できればパソコンと併用するほうがいいでしょう。

5Gの時代は便利ではありますが、投資に自筆のサインもいらない、数字だけの取引が加速します。**数字を「1」打ち間違えれば大変なことになる。**そんな時代だということはしっかり覚えておきましょう。

tips
4

クレジットヒストリー
「信用履歴」を
チェックする

「CIC」(0570-666-414)

　キャッシュレス決済の方法には、次のように、**前払い（プリペ
イド）**、**即時払い（リアルタイムペイ）**、**後払い（ポストペイ）**の
3つがあります。**キャッシュレスは各々、この支払いタイミング
を理解して上手に使うのがコツになります。**

使いすぎや滞納は損！

「前払い」や「即時払い」は、あらかじめチャージした分までし

■ 支払い方法の種類

	前払い （プリペイド）	即時払い （リアルタイムペイ）	後払い （ポストペイ）
サービス例	電子マネー （交通系・流通系） プリペイドカード ギフトカード	デビットカード （J-Debit ブランドデビット）	クレジットカード
	バーコードまたはQRコード		
支払方法	一回払い	一回払い	一回払い 分割払い ボーナス払い
限度額	入金額 ※入金上限額が設定されて いる場合もある	預金口座残高 ※1日の利用上限額が設定 されている場合もある	与信枠 ※収入、支払い実績などを もとに設定される
入会審査	原則なし	原則なし	あり

経済産業省

かお金を使えませんので、使いすぎはありません。ただし、最近はクレジットカードなどから自動的にお金を補充する**自動チャージシステム**があるので使いすぎには気をつけましょう。

クレジットカード払いの場合は後払いなので、夏のボーナスをあてにして冬にコートを買うなどができますが、夏のボーナスが出なかったとき、「お金を払えない」という事態になりかねません。

「クレジットヒストリー」とは？

キャッシュレスによる支払いで、銀行口座からお金を引き落とせないという電話があっても、すぐ支払えば問題はありません。しかしお金が用意できないと**事故扱い**になることもあります。

今は個人の信用度を**「クレジットヒストリー」**（信用履歴）という、クレジットカードの支払い履歴で見る傾向があります。

キャッシュレスによる支払いが常に遅れ、いつも督促を受けているとそれは「クレジットヒストリー」に残り、新規でカードをつくるときや更新、ローンを組む際、審査に落ちるリスクがあります。

自分のクレジットヒストリーを調べることは可能です。

たとえば信用情報機関のひとつに「ＣＩＣ」がありますが、こうした機関で「登録情報の開示請求」を行えば、情報開示をしてもらえます（ただし有料）。開示については、インターネットでできる他、郵送や窓口でも行えます。

こうした機関も利用して確認しながら、滞納はせず、クレジットヒストリーは、常に綺麗な状態にしておくといざというとき安心です。

ズボラ

節約

キャッシュレス

滞納

パート主婦

おひとりさま

もしもの
ときの

やっては
いけない

20代

60代

tips 5 「公共料金・税金」はカードやPayで

現金納付はいろいろ損!

　民間のお店だけでなく、**電気やガス、水道**などの公共料金の支払いや、**各種税金**(新型コロナの蔓延で、**固定資産税や国民健康保険、住民税、自動車税種別割**)などさまざまな支払いをキャッシュレスでできる自治体が増えています。

　たとえば神奈川県では、「LINE Pay」「PayPay」「au Pay」による請求書支払いで、納税額30万円以下の自動車税種別割や個人事業税、不動産取得税を支払えるようになっています。

「口座引き落とし」vs「クレジットカード払い」

　電気代、ガス代、上下水道の料金などの公共料金は「**口座引き落とし**」の方が多いですが、あらかじめ手続きしておけば、クレジットカードでも自動引き落としができ便利な上に、場合によってはポイントがついておトクです。

　たとえば東京電力や東京ガスでは、**口座引き落としだと月55円の割引**になりますが(割引対象でないプランもあります)、クレジットカード払いだと、ポイントの還元率が0.5〜1%というところが多くあります。

　仮にカードの還元率が1%で、1ポイント1円だと、月に5600円以上利用するご家庭なら、口座引き落としよりクレジットカードのほうがおトクになります。

ズボラ

節約

キャッシュレス

闘病

パート主婦

おひとりさま

もしもの
ときの

やっては
いけない

20
代

60
代

　ただし、**クレジットカードの還元率が0.5％だと、月の支払いが1万2000円くらいないと、口座引き落としよりもおトクにはなりません**。採算分岐は個々に確認してください。

　その他「Yahoo! 公金支払い」や「国税クレジットカードお支払サイト」などによる支払いは**手数料**が発生する場合もあるので要注意。クレジットカードによるキャッシュレス払いのいいところは、ポイントがつくだけでなく、**引き落とし日が1つになる**点にもあります。公共料金は、口座振替だと契約している会社によって引き落とし日が違いますが、クレジットカードだと引き落とし日が一括されるので、家計管理には便利かもしれません。

■ LINE Pay で支払う

【公共料金を支払う場合】

例　3人家族の水道光熱費をチャージ&ペイで請求書支払いした場合

水道光熱費1カ月分	22,000円

LINEポイント0.5％還元で110ポイント取得!

【税金を支払う場合】

例　住民税をチャージ&ペイで請求書支払いした場合

住民税	240,000円

LINEポイント0.5％還元で1200ポイント取得!

【LINEポイント還元】

支 払 い 方 法		ポイント	
		還元率	還元上限
LINEPay コード 支払い	チャージ&ペイ	0.5%	なし
	LINEPay残高	0%	-
カード ショッピング	Visa LINE Pay クレジットカード	2%	あり※

LINE Pay
残高で払う
とポイントは
つかないの
で注意!

※税金/保険において、1回あたりの支払いにつき5万円を超える分は
　ポイント還元の対象外となります。

LINE Pay 公式ブログより

tips 6

「スマホ決済」をする
自宅にいながら楽しておトク!

　最近はスマートフォン（スマホ）に、クレジットカードや電子マネー、銀行口座などの情報を登録し、レジでスマホをかざすだけでお金を支払う**スマートフォン（スマホ）決済**が増えています。これもキャッシュレス決済のひとつです。

　利用するにはまず、スマホ専用の支払いアプリ（**au PAY**、**d払い**、**LINE Pay**、**PayPay**など）をインストールし、各種情報を登録したら、あとは**QRコード**やバーコードを使って支払えば完了です。

スマホ決済でポイント還元!

公共料金を支払うのに、請求書がきたらコンビニで支払うという人も、スマホ決済はおすすめです。

　これならいちいちコンビニまで出向かなくても、自宅で振込用紙のQRコードをスマホで読み込むだけで支払えます。スマホなら24時間対応、ポイントも貯まります。

　スマホ決済の還元率はアプリによって違ったり、キャンペーンを行っているかいないかでも変わってくるので一概には言えません。ただ還元率はだいたい0.5〜2％ほど。

　0.5〜1％ではクレジットカード決済とほとんど変わりませんが、**2％ならかなりおトク**と言えるでしょう。

**ただしスマホ決済の場合には、領収書や納税証明書が出ません
のでご注意ください。** スマホ決済では、履歴画面やスマホの請求
書が領収書代わりになります。

■ au PAY で支払う場合

TIME&SPACE by KDDI より

tips 7

「ポイント投資」をする

ノーリスクで投資ができる!

　日本銀行の2018年の調査では、電子マネーの決済額は５兆4790億円、カードの発行枚数も３億9077万枚にのぼり、国民１人あたりにすると３枚保有していることになるのだそうです。

　ここに平均２％のポイントがついているとしたら、これだけで1000億円を超えますから、**ポイントは第２のマネー**とも言えます。

　しかもポイントがついているのは、キャッシュレス決済だけではありません。今や飛行機に乗ればマイルがつき、それをコンビニで使える電子マネーに交換でき、買い物に使えるようになっています。

　電車などでもポイントサービスが普及しています。たとえば、東京の地下鉄メトロのＩＣカードＰＡＳＭＯで東京メトロ線に乗ると、メトロのポイント「メトポ」が貯まり、メトポは10ポイント＝10円単位で、ＰＡＳＭＯにチャージされます。

ポイントで「投資」をしよう

最近はポイントで「投資」ができるしくみも出てきています。

　このポイント投資には、主に次の２つがあります。

①ポイントを現金に換えて投資信託や株を購入、運用するもの

②ポイントのまま運用するもの

投資に興味があるけれど損するのは絶対にイヤというなら、ポイントで「投資体験」をしてみるのもありかもしれませんね。

■ ポイント投資とは？

【ポイントを現金に換えて投資信託や株を購入する】

例 楽天・Pontaポイントなどのポイント投資

楽天グループの買い物や旅行などで貯まったポイントは、通常の投資同様、楽天証券の口座を使って、実際の投資商品(投資信託や株など)を購入することができる。投資商品によっては手数料がかかるが、売却したら現金化もできる。

【ポイントのまま運用する】

例 dポイントなど

ポイントで実際の投資商品を選び、その値動きに合わせてポイントが増減。投資を終了するとポイントが戻る。現金が絡まない投資の疑似体験なので、証券口座の開設は不要。手数料もかからない。将来、本格的な投資を目指す人には、いい練習台になるかも。

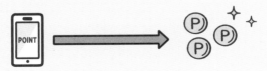

ズボラ
節約
キャッシュレス
臓病
パート・主婦
おひとりさま
もしものときの
やってはいけない
20代
60代

tips 8 「ポイント」はすぐ使う
期限切れでムダにしない！

　キャッシュレス決済で、ポイントをおトクに貯める人は多いでしょう。

　ただポイントは、政府が発行している紙幣や貨幣と違い、**民間がオマケとしてつけているものなので、発行体が破綻したら保証の限りではありません。**最悪の場合、戻らないことも覚悟する必要があります。ですから無闇に貯めこまず、適度に使うか別のものに交換することが大切です。

「Edy」「Suica」は？

　楽天Edyや**Suica**などのプリペイド型電子マネーの発行体が、万が一、破綻したら、ポイントの前に電子マネーはどうなるでしょうか。

　「ポケモンGO」で発行されている**ポケコイン**は、現実世界では使えないのでそれほど厳しくないですが、Suicaのように、電車に乗れるだけでなく、コンビニや自動販売機、ドラッグストア、タクシーなどで利用できる電子マネーについては、「第三者型前払式支払手段」と呼ばれ、発行には財務局長などへの登録が必要になります。こうした第2の通貨として使えるものは、発行する際、法務局などに供託金を納めますので、いざというときには供託から返金を行います。ただしそれは100％とはいかないこ

とは、覚えておいたほうがいいでしょう。

ポイントは消滅する!

ポイントには有効期限があって、消滅するものも多くあります。

たとえばクレジットカードのポイントの場合、セゾンカードのように「永久不滅」を宣言してずっと有効なものもありますが、ほとんどの場合は有効期限があって、その前に使わないと消滅したり、利用できなくなるものも多くあります。

有効期限ギリギリのポイントがあるけれど、使う予定がない場合には、無期限で使えるギフト券などの金券に交換できないか調べてみるのがいいでしょう。

10年未使用で使えなくなる!?

十分な入金(チャージ残金)があるにもかかわらず、使おうと思ったら使えないケースもあります。

たとえばSuicaの場合、最後の利用日から10年間、一度も利用がない場合には、カードが使えなくなります。

もし、残高を使いたい場合には、新しいSuicaのカードをつくり、そこに残高を移し替えなくてはなりません。

ちなみに使わなくなったSuicaは、残額から手数料を差し引いた金額に預かり金(デポジット)の500円を加えて、返金してもらえますので、何枚も持っている人は、この機会に整理して、ムダがないよう行動しましょう。

ズボラ

節約

キャッシュレス

闘病

パート主婦

おひとりさま

もしものときの

やってはいけない

20代

60代

「ふるさと納税」で ポイントをもらう

ポイントでおトクに旅をしよう

cashless payment

　自分が住んでいる自治体に支払うはずの税金を、好きな自治体に寄付することで、所得税や住民税が控除され、かつ、お礼に寄付した自治体からさまざまな商品をもらえる「ふるさと納税」が人気です。

　2000円は自己負担ですが、これは寄付として扱われるので、それ以外は控除の範囲内なら好きな自治体への寄付に使え、所得税には寄付金分の**所得控除**が、住民税には**税額控除**が適用されます（198ページも参照）。

「ふるさと納税」で旅をしよう

　ふるさと納税といえば、肉や魚といったさまざまな返礼品に目を奪われがちですが、最近はその他にもさまざまな形で使えます。

　たとえば今は、新型コロナウィルスで多くの自治体が疲弊しています。京都市も財政が逼迫、このままだとあと数年で財政破綻すると言われ、市民を巻き込んでの財政の立て直しに着手しています。

　こうした自治体を支援するには、ふるさと納税の旅行版「**ふるなびトラベル**」が利用できます。

　これは訪れたい自治体に２万円を送ると、３割相当にあたる6000ポイント（トラベルポイント）がもらえ、市内の宿泊施設

■ ふるなびトラベルのしくみ

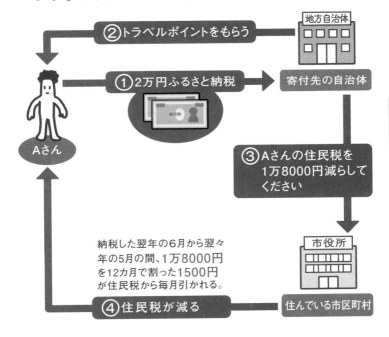

で使えるようになっています。

　トラベルポイントは期限がなく翌年以降への持ち越しもOK。

　したがって先に寄付をしてポイントを貯めておいて、コロナ収束後、旅行する際にポイントを宿泊料金として使うというのも可能です。

　これなら自治体も助かりますし、寄付する方も、今からコロナ後の旅行の楽しい計画に想いをはせることができます。

　これも「ふるさと納税」にあたりますので、所定の手続きを行えば、2000円を超える部分については、一定の限度額まで原則所得税・住民税から全額が控除されます。

tips
10

「怪しいメール」は開かない
フィッシング詐欺にご用心！

「ドコモ口座」を通じて、預貯金が不正に引き出される被害が多発しました。

　これは何らかの方法で、犯人が不正に被害者の口座番号、名前、4桁の暗証番号、生年月日などを入手し、本人になりすましてドコモ口座を開設。その口座に銀行からお金をチャージさせて盗み取ったというものでした。

　ドコモ口座には、銀行口座からお金をチャージする機能があるので、これを悪用した**犯罪**です。

個人情報を守ろう

　なぜ口座番号がわかったのかといえば、2つのケースが考えられます。

① 「あなたの口座が危ないので、すぐに口座番号を知らせてください」などという、**金融機関を装った詐欺（フィッシング詐欺）**で口座番号を教えてしまった可能性。
② 1つの暗証番号で多数の口座に片っ端からアクセスし、その暗証番号と合致する口座を探す**「逆総当たり攻撃（リバースブルートフォースアタック）」**という技術を使ったケース。

不審なメールは開かない

多くの方が、**不審なメールをもらったことがあるでしょう。**
「○○銀行ですが、あなたの口座からお金が引き出されています。
至急ネットで確認してください」と。こんなメールが銀行からき
たら、あなたは驚いて「問い合わせはこちらへ」というところを
クリックするかもしれません。そうするといつも使い慣れている
銀行のホームページが出てきます。

そこにいつものように口座番号やログインパスワードを入れて
しまうと、その時点で口座番号やログインパスワードを相手に盗
まれてしまいます。これが先述したフィッシング詐欺です。

世の中には多種多様のフィッシング詐欺があふれています。

特にスマホの場合は、パソコンと比べて情報量が少ないので、
フィッシングサイトに誘導されやすいので注意が必要です。

直接電話がコツ

キャッシュレス関連の被害を防ぐためには、金融機関などから
きた怪しいメールは絶対に開かないことです。もし「至急連絡し
たい」などのメールがきたら、電話番号を自分で調べ（メールに
書かれた番号にかけてはいけません）、直接金融機関に電話して
確認しましょう。そうすれば詐欺であるかがわかります。

前述の「ドコモ口座」もそうですが、**不正なアクセスによる被**
害については、金融機関が全面的に補償してくれます。

でも、だからといってどんどんお金が引き出されるま
まにしていては、何が起きるかわかりません。ネット
バンキングの口座は定期的にチェックし異変にすぐ
気づくようにしてください。

ズボラ

節約

キャッシュレス

闘病

パート主婦

おひとりさま

もしもの
ときの

やっては
いけない

20
代

60
代

「臆病」さん向け
お金ベスト10

for cautious person

tips 1 「家の頭金」を貯める
個人年金より家の頭金が先！

　臆病な人が最もやりがちなお金の失敗は、老後が不安だからと、早い時期から個人年金をはじめることです。

　「今のうちに頑張って月々２万円ずつ払えば、老後に月５万円の年金になるから、豊かな老後が送れます」などとささやかれると、なんとなく無理して加入しようとしてしまいます。

　けれどそれは間違いです。 なぜなら今の２万円が、将来も同じ価値を持つとは限らないからです。

お金の価値は変わる！

　たとえば1970 〜 2020年まで50年間の消費者物価指数を見ると、約３．２倍（持ち家の帰属家賃を除く総合）。つまりもしずっとこのままの景気が続けば、**50年後は６万4000円が今の２万円と同じ価値になる**ということです。ですから50年後に５万円をもらってもどうなのでしょう。日本がデフレを脱却したら、この6万4000円は10万円、20万円になっているかもしれません。

老後の3000万円を貯めるには

　人生の出費の山は、普通、３つあります。「家を買うとき」「子どもの教育費」「老後のお金」の３つです。**お金の不安を消していくには、この山を順番に越えるのが「コツ」になります。**

ズボラ

節約

キャッシュレス

臆病

パート主婦

おひとりさま

もしものときの

やってはいけない

20代

60代

そこでまず、月に２万円の年金を積み立てる余裕があるご家庭なら、それを家の頭金にまわして、住宅ローンの額を減らします。

住宅ローンの額が減れば、ローンの繰上げ返済を効果的にできるので、子どもの教育費を貯める余裕が生まれます。すると教育資金の借り入れを減らせて、老後資金を貯める余裕が生まれます。

そうこうしていると奥さんが50歳くらいで、子どもの手が離れるので働けます。すると**年間200万円くらいは貯金できますから、65歳までに3000万円の貯金ができる**わけです。

借金減らして現金増やせ

50歳の時点で貯金がなくても負債がなければ、その後、大きく貯金ができるので人生勝ち組！

今すぐこれを目指せる人は少ないかもしれませんが、まずはここに近づくよう努力し、**年金をもらうまでには最低でも、貯金と負債がプラス・マイナス・ゼロになるようにしておきましょう。**

陸上のハードルを手前から順に跳ぶように、お金のハードルも手前から跳び越えるのが**大鉄則**です。

■「３つのハードル」を越えよう

月に２万円あるなら…… 家の頭金に投入 その結果 down! 住宅ローン その結果 教育資金の借り入れ その結果 down! 老後資金を貯められる

お金が余っている人以外は、個人年金より先に借金を減らした方がトク！

tips
2

「繰上げ返済」をする
ボーナスは繰上げ返済がトク

たとえば手元にボーナスの100万円があったとします。

この100万円で株を買えば、120万円になるかもしれません。

ただし株への投資にはリスクもあるので、100万円で買った株が80万円に値下がりするかもしれません。

そこで臆病さんはこのボーナスで、**住宅ローンの繰上げ返済を**するのはどうでしょう。

検証しよう！

たとえば、35歳で3000万円を、金利1．5％、35年ローンで借りたとします。月々同じ額（約9万円）を返済していきますが、ローン返済は最初、利息の支払いを多く行い、後に元金の返済をしていくものとします（元利均等返済）。

10年後、ボーナスで貯めた100万円を、株ではなく住宅ローンの元金の返済に使います。するとなんと支払うはずの**利息約44万円**を支払わなくてもよくなります。

住宅ローンの繰上げ返済で効果が大きいのは返済期間の短縮。

上のケースではボーナスの100万円を投入すると、1年3カ月分の支払い期間がカットされ、44万円もトクをします。

繰上げ返済は、早ければ早いほど効果大！ ただし収入が多く、住宅ローン控除を使うと税金がたくさん戻る人は、返しすぎると

税金で損をする可能性もあるので、しっかり計算してみましょう。

手数料を考慮しよう

今はまとまった金額でなくても、インターネットで1万円から簡単に、繰上げ返済ができる銀行もあります。

ただ「もうすぐ住宅ローンを完済する」という人は、繰上げ返済でそれほど効果が望めないケースもあります。**繰上げ返済には手数料がかかるところが多いからです。**

ですから繰上げ返済は、対費用効果の計算が重要です。ただ、金利わずか1.5％の住宅ローンでさえ、これほどの効果があるのですから、**10％、15％といった高金利のカードローンやキャッシング、分割・リボ払いなどはさっさと返したほう有利です。**

臆病な方はいろいろな心配を抱えてしまいがちですが、ボーナスを活用しながら、おトクに不安を解消しましょう。

■ 検証しよう!

【3000万円を金利1.5％、35年ローンで借りた場合】※元利均等返済
10年目に元金を100万円繰上げ返済すると?

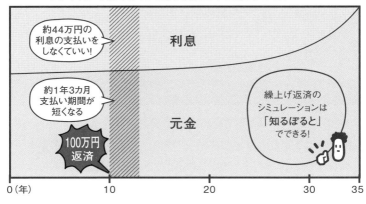

tips 3 「投資の適性」を チェックする

for cautious person

まずは試して向き不向きを見よう

「投資をしなければ、資産を増やせません」と言われると、金融機関から言われるままに**投資信託**などを買う人をよく見ます。臆病さんの中にもそういう人が、少なくないかもしれませんね。

投資には向き不向きがある

投資をするとき大切なのは「**資金**」と「**時間**」と「**情報**」。

この３つが揃い、さらにはインターネットを使いこなしてタイミングよく投資しなければ、投資に勝つことは難しい。

最近は、コンピューターが１秒間に数千回もの取引を繰り返す**「超高速取引」**や、コンピューターが株価や出来高に応じて自動的に売買注文や数量を決めて注文を繰り返す**アルゴリズム取引**もあり、**コンピューターも投資のライバル**になっています。

そんな中で勝って資産を増やしていくには、それなりの覚悟と才覚が必要でしょう。

試すにはまず株を買ってみる

自分が投資に向いているか、向いていないかを知りたい人は、100冊の本を読むより、まず株を1つ買ってみるといいでしょう。

株は上がるときもあれば、下がるときもあります。

上がったときには嬉しいですが、問題は下がったとき。

たとえば100万円で買った株が50万円になってしまったとき、ショックで寝込んでしまうような人は、もう一生、株には手を出さない方がいいでしょう。**向かない人が投資をしても、ドキドキして寿命を縮めるだけです。**

初心者は投資信託はやめなさい

　金融機関に行くと、「初心者は投資信託を」とすすめられますが、**投資信託ならリスクが少なく初心者向きというのは大嘘！**

　投資信託でも、何かあれば資産が半減するものはザラにあります。そうなったとき、株ならいろいろ調べれば原因がわかるものですが、人任せの投資信託だと、損した原因もわからない。

　もし投資をするなら、臆病な人ほどダイレクトにリスクがわかる「株」や「為替」にするべきでしょう。他人がすすめた投資信託を買って損をしても、なぜそうなったかがわからず、投資の勉強にもならないからです。**学ばない人は、次の投資でも勝つことはできません。**

■ 投資の適性チェック

投資に向く人

★生活が左右されない、余裕の　お金を持っている人

★チャートを見て、値動きしたら　チャンスを掴む時間的な余裕がある人

★経済の流れに敏感で世の中の　ことに興味がある人

★ネットなどで情報収集でき、　投資もネットでできる人

投資に向かない人

★余裕のお金が少なく、投資を　すると一発勝負になりやすい人

★誰かから教えられた投資情報を　鵜呑みにする人

★ひたすら貯金が増えることを　望んでいる人

★インターネットが苦手でうまく　使いこなせない人

ズボラ

節約

キャッシュレス

臆病

パート主婦

おひとりさま

もしものときの

やってはいけない

20代

60代

tips 4 「リスク」を下げる
「ナンピン」でリスクを下げる

株式投資は儲かることもあれば損することもあります。
難しいのは儲かったときより損したときです。

「損切り」できる勇気を持とう

投資で個人が損したときに取れる行動は３つあります。

①大きな損にならないうちに売る　→損切り

②価格が下がったところで買い増しコストを下げる

→ナンピン

③価格が上がるまでそのまま待ち続ける　→塩漬け

このうち①については、プロは簡単にできますが、素人で臆病
な方にはこれができない人が多い。なぜなら自分が汗水垂らして
稼いだお金だからです。

②と③については、お金があるかないかで違ってきます。

余裕資金がある人は、②の「ナンピン」で買い増しを行えます
が、余裕がないと③の「塩漬け」になるケースが多い。そこで、
臆病さんとは②の「ナンピン」を見てみたいと思います。

「ナンピン」とは？

「ナンピン」の語源は「難平」で、難（なん）を平（たいら）に

するというもの。

　たとえば、株価1000円で100株買った後に、株価が下がって500円になったとします。その下がったところで200株買うと、20万円の投資で300株買ったことになるので、**株価が1000円まで戻らなくても、670円以上になれば利益が出ます。**つまり1000円になるまで待たなくても、儲けが出るということです。

　ただ、もちろんこれは、下がった株が価格を持ち直した場合であって、下がり続けることももちろんあります。ですが、**下がったらまた買うことで、コストを下げて痛みを和らげる**ことはできるわけです。

　そのためには、**投資をするときに持ち金全部で買わずに、余力を残しておくこと**が重要です。臆病な方なら、持っているお金の5分の1くらいの金額から投資をしてはどうでしょうか。

　また「10％下がったらナンピンする」などのルールも決めておくといいでしょう。そして株価が戻ったら、ある程度売ることで利益を確定し、再び下がったときのリスクに備えましょう。

■「ナンピン」でリスクを下げる

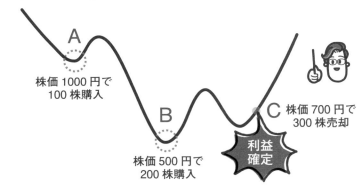

株価1000円で
100株購入

株価500円で
200株購入

株価700円で
300株売却

利益
確定

ズボラ

節約

キャッシュレス

臆病

パート・主婦

おひとりさま

もしものときの

やってはいけない

20代

60代

tips
5

「投資口座」をつくる
投資をするなら口座を分ける

　臆病さんが投資をするときは、「**生活口座**」とは別に「**投資口座**」をつくりましょう。

　臆病な方の場合には、生活費と投資のお金がゴッチャゴチャになって生活が苦しくなると、いてもたってもいられなくなります。

　ですから、**今、自分が投資で儲けているのか損しているのかをはっきり認識するためにも、「生活口座」とは別に「投資口座」をつくり、その範囲内のお金で投資をするべきです。**

貯金と投資は別！

　臆病な方の場合は特に、目減りしたときのショックが大きいので、投資をするなら「投資口座」をつくり、そこに入れたお金がなくなったら、すっぱり投資をやめるくらいの覚悟が必要です。

　たとえば、それまでの貯金と退職金で3000万円あったとします。

　そのうち老後に必要なお金が2000万円だったとしたら、それはしっかり現金で貯金しておきましょう。

　貯金は今は利息がつかないかもしれませんが、目減りすることはありません。また、金利が高くなれば、利息も増える可能性があります。一方、**投資は増えることもあれば減ることもある。**ですから臆病さんは、投資と生活をしっかりと分けるべきです。

スボラ

節約

キャッシュレス

臆病

パート主婦

おひとりさま

もしものときの

やってはいけない

20代

60代

ネットに慣れよう

投資口座は、証券会社によっては郵送申込みや店頭でも開設してくれます。

ただ、**投資はリアルタイムでしないとなかなか儲からない**ので、インターネットに慣れるという意味でも、口座はネットで開設したほうがいいでしょう。

投資口座をつくり、そこで売り買いすると、自分が今、儲かっているのか損をしているのかが**リアルタイム**でわかります。

損益をまめにチェック!

買った投資商品が、買ったときと比べて上がっているのか下がっているのかを、リアルな数字で見ることができるのが投資の醍醐味でもあり、そこから学ぶことは多いはずです。

下図のように、過去の一定期間に儲かった額と損失額の差し引きが見られると、自分が儲かっているのか損をしているのかが実感としてわかります。

投資はタイミングだと言いますが、こうしたデータをしっかり見ながら、タイミングを見計らって売り買いを繰り返せば、臆病さんでも、投資に慣れ、自分のペースで売り買いの指示を出せるようになるでしょう。

■ 実現損益を見てみよう

❶	
利益金額合計	**132,367** 円
損失金額合計	**0** 円
実現損益合計	+132,367 円

楽天証券サンプル画面

tips 6 「損」を避ける
「損失回避の法則」を知ろう

人間は損をしたときの失望感が、トクをしたときの喜びより、2.25倍大きいそうです。

これは経済学と認知科学を統合した「行動経済学」でノーベル賞を受賞したダニエル・カーネマンと、エイモス・トベルスキーが行った実験で理論づけられたもので**「プロスペクト理論」**と呼ばれています。

「プロスペクト」とは「見込み」や「期待」「見通し」を意味します。

人はもともと「損」を恐れる

たとえばひとり100万円の現金が用意されたとします。

このとき確実に100万円が手に入るケースと、コインを投げて表が出たら200万円、裏が出たら0円になるケースを用意し、選択させると、**ほとんどの人は確実に100万円をもらえる方を選んだ**そうです。

2分の1の確率で倍のお金が手に入るのに、「まったくお金をもらえない」というリスクを避ける判断を下す人の方が多いのです。

つまり人は、**大きく増えるチャンスより、何ももらえず損をすることを回避することを優先するということです。**

ズボラ

節約

キャッシュレス

臆病

パート・主婦

おひとりさま

もしもの
ときの

やっては
いけない

20
代

60
代

ストレスの種をまかない!

この傾向は今後、ますます強くなると思います。

なぜならこれからは、力のない人ほどリスクを取りにくくなり、より格差が広がる時代を迎えるからです。

今はまだ株価上昇で儲かっている人も、いつ相場が崩れるかわかりません。

儲かった喜びよりも、損をした痛みを大きく感じるならば、特に臆病さんは、今からしっかり損失回避の方法を考えたほうがいいでしょう。

投資をするなら

投資をすると人は利益より損をすることに敏感になります。

そして収益が出ている場合には、利益確定を選びやすく、損が出ている場合には、取り戻そうと大きなリスクを取りがちです。

こうした投資判断をしがちな人は、安定的な投資はなかなかできないのではないでしょうか。

臆病さんは気をつけよう!

すでに時代は「一発アウト」時代。

会社も社会も、寛容さを失いつつあります。

こうした中で、リスクを冒せるのは、損失を挽回できるだけの資金力を持った人だけ。

現代はある意味、投資が欠かせない時代にありますが、**臆病さんはできるだけ、お金については堅実な運用を目指し、リスクから遠ざかる生活をしたほうがストレスが少ないかもしれません。**

tips
7

「地震」保険に入る

どうせ入るなら長期加入で！

東日本大震災から10年。しかしまだ余震があって、臆病さん
は不安に思う人も多いでしょう。

**地震や津波、噴火などの自然災害は、いったん起きると大規模
になる可能性があるので、通常の保険では対応しきれません。**

地震については国がバックの**地震保険**が対応します。しかし普
及率はまだ３割。加入をどうしようか迷う人も多いでしょう。

保険の内容は全国共通！

**地震保険は、国が開発して国が支払いを保証し、民間の保険会
社が販売している商品なので、内容は全国どこも同じです。**

ただ保険料は、過去の地震の確率などから設定されるため、**都
道府県によって違います。**

ちなみに地震保険は、大前提として「火災保険」に加入しない
と入れません。上限金額は「火災保険」の30〜50％の範囲内。

つまり2000万円の火災保険に加入したら、1000万円までの地
震保険に入れるというイメージです。

ただ、地震が起きたら、1000万円の保険金が出るのかといえ
ばそうではありません。地震保険は**「全損」「半損」「一部損」**な
ど、程度によって下りる金額が違います。また実際に地震が起き
ても、「一部損」とみなされない被害も多くあります。

加入するなら長期加入で!

大きな地震が起きると、みんな慌てて地震保険に加入するので、加入率は上がります。けれど、しばらく地震がないと安心してしまうのか、やめてしまう人も多くいます。

でも地震はいつ起きるかわかりません。特に臆病さんは日々、心配を感じる方も多いでしょう。そういう方は、どうせ入るなら長期加入がおすすめです。

まとめ払いがトク!

地震保険は、最長5年まで、まとめ払いができます。

まとめて払うと保険料は安くなり、たとえば5年分をまとめて払うと、4.65年分の保険料ですみます。

また地震保険には、「免震建築物割引」「建築年割引」「耐震等級割引」「耐震診断割引」という4つの割引があります。

これらに該当すれば、保険料はかなり安くなります。

自宅の地震保険の保険料を知りたい人は、**日本損害保険協会のサイト**で試算すると、割引も含めた保険料を算出できます。

ちなみに地震保険に加入すると、税金の控除（所得税は最高5万円、住民税（地方税）は最高2万5000円）がありますので、会社が処理してくれる場合には、損害保険会社から「控除証明書」が発行されたら、年末調整時、会社に提出するようにしてください。最近地震が多いので、臆病さんは入っておくと安心ですね。

地震保険はまとめて払おう

期間	係数
2年	1.90
3年	2.85
4年	3.75
5年	4.65

5年間の
長期加入は
4.65年分
ですんで
おトク!

ズボラ

節約

キャッシュレス

臆病

パート・主婦

おひとりさま

もしものときの

やってはいけない

20代

60代

tips 8 「テレマティクス保険」に入る

慎重な人におトクな保険!

臆病さんは車に乗るときも「何かあったらどうしよう」という不安があるかもしれませんね。

そういう方はすでに自動車保険に入っているかと思いますが、今は「テレマティクス保険」という商品があるのをご存知でしょうか?

「テレマティクス保険」とは?

テレマティクスとは、「テレコミュニケーション（通信）」と「インフォマティクス（情報科学）」を合わせた造語で、カーナビやGPSなどの機器をインターネットに接続し、さまざまな情報や、サービスの提供をすることをいいます。

最近ではこのテレマティクスで、保険会社が運転者のブレーキのかけ方や走行距離、速度などの情報を取得、そこから事故のリスクを分析し、保険料を算出する「テレマティクス保険」が出てきています。

この保険は、交通事故を起こさない安全運転をすれば保険料が安くなるというもので、今、ヨーロッパやアメリカで注目を集めています。

日本でもその取り組みがはじまっているので、臆病で慎重な方は知っておくといいでしょう。

臆病さんにおすすめ！

たとえば、年間の走行距離が短い方などは、走行距離連動型のテレマティクス保険に加入すると、**実際に走行した距離分の保険料を支払うだけでよくなるため、保険料を抑えることができるかもしれません。**

この保険に入ると、保険会社と保険加入者が通信機器で繋がりますので、安全運転になるのみならず、事故を起こしにくくなり、優良ドライバーは**保険料が安くなる**のがおトクです。

中には、運転状況のレポートが、本人だけでなく、親と離れて暮らす子どもに届くものもあるようです。

子どもは親の普段の運転状況を把握することができるので、**「そろそろ免許返納をすすめた方がいいかな」**などと考えるきっかけにもなりそうです。

「エコドライブ」でさらに節約！

2020年の交通事故死者数は2839人。

臆病さんは運転も慎重だと思います。なのですでに日本にも出てきているテレマティクス保険を検討するのがおすすめかもしれません。

テレマティクスに見張られながら、ムダな加速・減速をしない安全運転を心がければ、市街地では約２％、郊外では６％程度の燃料の節約にもなります。

また、ナビ活用で渋滞を避け、目的地まで最短で行くと、途中で道に迷って10分間余計に走行するときに比べ、１時間のドライブで17％ほどガソリンの燃費がよくなるそうです。

tips 9 「免許返納」する
返納すれば金利が上がる!?

最近、高齢ドライバーの事故が多発しています。

2020年に、交通事故は２万5642件発生していますが、そのうちの4246件は高齢運転者によるものです。原因の約８割は脇見や考えごとをしていたことによるものでした。

臆病さんは、判断力が鈍ってきたと思ったら、思い切って免許を返納することも考えましょう。

免許返納したら預金の金利が高くなる?!

免許を返納して、今まで乗り慣れていた車に乗れないというのは、ちょっと寂しい気がします。**でも免許を返納した人には、いろいろな特典が用意されています。**

銀行やホテル、デパート、スーパー、美容院など、さまざまなところで「高齢者運転免許自主返納サポート」をしています。

たとえば、東京都の場合、巣鴨信用金庫では**免許を自主返納すると、１人500万円までスーパー定期の金利を店頭表示よりO.05％高くしています。**

こうした金利優遇などのサービスは、東京都だけでも巣鴨信用金庫をはじめ12の信用金庫が行っています。

サービスは地方ごとに違うので、興味がある方はホームページなどで調べてみるといいでしょう。

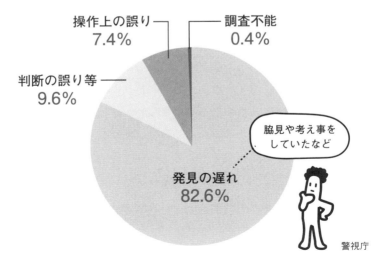

「サポカー」を検討しよう！

　高齢になっても、まだまだしっかりと運転できるし、田舎に住んでいるから車がなくては生活できないという方もおられるでしょう。

　そんな方は、官民連携で開発している「サポカー」に注目。

　サポカーとは、自動車ブレーキやペダルの踏み間違い時に、急発進抑制装置などがついた安全運転をサポートする車で、搭載カメラで車線を察知し、車線をはみ出して走ると警報が鳴ったり、夜になると自動で前方が見えやすいライトに切り替わるなどの機能が満載されています。

　こうした車に買い替えたり、車にこうした機能をつけると、安全性がグンと増します。

■ 高齢者の交通事故発生状況

操作上の誤り
7.4%

調査不能
0.4%

判断の誤り等
9.6%

脇見や考え事を
していたなど

発見の遅れ
82.6%

警視庁

ズボラ

節約

キャッシュレス

臆病

パート主婦

おひとりさま

もしもの
ときの

やっては
いけない

20代

60代

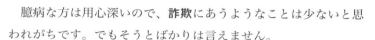

tips
10

「相談機関」を知っておく

いつでも相談できるところを持とう

　臆病な方は用心深いので、**詐欺にあうようなことは少ないと思**われがちです。でもそうとばかりは言えません。

　なぜなら見るからに詐欺師に見える詐欺師などいないからです。

　詐欺師は親切そうな顔で近づいてくるので、後になって「あの人が、詐欺師だったなんて！」というケースがほとんどです。

　ですから相手を見て判断するのではなく、**初対面なのにお金が絡む話を持ちかけてきたり、モノを売りつけたり、口座番号を聞かれたりしたら、どんなにいい人そうでも「おかしい」と思ったほうがいいでしょう。**

「心配」になったら

　少しでも変だと思ったら、その場では返事をせずに保留し、周りに相談するといいでしょう。

　ただ、お金については、どんなに苦しかったとしても、素性を知らない「専門家」を名乗る人には相談しないようにしてください。 中には保険に入り直させてお金をとったり、金融商品を買わせたり、法外な相談料を取るケースもあるからです。

自治体などが無料相談！

　お金のことを誰かに相談したいなら、**自治体や福祉事務所、生**

協などの**家計相談支援事業**を訪ねるのがおすすめです。

自治体の中には、無料で暮らしの相談や法律相談などをしているところがかなりあります。

たとえば東京都では、**架空請求に関する相談**や**消費生活相談**、**高齢消費者被害相談**などを無料で行っています。その他、各地の弁護士会でも無料相談を行っているケースがあります。

こうしたところでは、**厚生労働省のガイドライン**に沿って、アドバイスしてくれるケースが多いです。

もし、この人たちの手に負えない案件だったとしても、そのときはもっと詳しい専門家を紹介してくれることでしょう。

ひとりで悩まず相談を!

借金などの恐い取り立てにあい、弁護士を頼みたいけれど支払うお金がないという人は、後にもご紹介しますが、**国が設立した全国的な組織「法テラス」で、無料法律相談を受けられます。**「法テラス」は、正式名称を日本司法支援センターといい、全国50カ所に事務所を設置。問い合わせに応じて、一般的な法制度、法手続きに関する情報と、適切な相談機関(弁護士会、司法書士会など)に関する情報を無料提供しています。

各業界も相談場所を設置しています。たとえば、生命保険の相談なら**生命保険協会**、損害保険の相談なら**日本損害保険協会**、銀行のトラブルなら**全国銀行協会**などが無料相談所を設置しています。心配ごとがある方は、ぜひ相談してください。

困ったときにはひとりで悩まず、助けてくれる人がたくさんいることを、知っておくと楽になります。

ズボラ

節約

キャッシュレス

臆病

パート・主婦

おひとりさま

もしものときの

やってはいけない

20代

60代

「パート・主婦」向け
お金ベスト10

for part-timer and housewives

第
5
章

パートは「130万円」まで

for part-timer
and housewives

130万円を超えると手取りが
約25万円減る!?

※会社員の妻の場合

パート主婦の働き方が、大きく変わっています。

以前は、サラリーマンの妻や、青色申告・白色申告の事業従事者でない自営業者の妻などは、年収が103万円以下なら、夫の所得から38万円の「**配偶者控除**」が、年収141万円までなら「**配偶者特別控除**」を差し引くことができました。

そのため、年収が103万円を超えると、本人が所得税を支払わなくてはならないこともあり「収入は103万円にならないように」と働く人が多くいました（これを「103万円の壁」と言います）。

ところがこの「**103万円の壁**」が2018年から「**150万円**」に**大幅変更**されました。つまり妻がそこまで稼いでも、夫には38万円の「配偶者控除」および「配偶者特別控除」がつくようになったというわけです。さらに150万円を超えても201万円以下なら、「配偶者特別控除」を使えるようになりました。

ただし、夫の年収が1095万円を超えると、段階的に控除が減ったり、1195万円を超えると、配偶者特別控除そのものが受けられなくなります。

「130万円の壁」に注意!

「103万円の壁」がなくなって、150万円まで稼いでも夫は38万

円の税金控除を受けられるので、妻がパートで稼ぐなら「150万円の壁」を気にすればいいことになります。

　ただ会社員の妻の場合、「150万円の壁」の前に**「130万円の壁」**が大きくそびえています。**これは税金ではなく社会保険料の壁**。

　自営業者の妻は、もともと自分で国民年金、国民健康保険の保険料を支払っていますが、会社員の妻は、夫の扶養に入っていて、パートの収入が129万9999円までなら保険料は夫が加入している厚生年金などから捻出されることになっています。

　つまり自分では一銭も払わなくても、病気やケガをしたら国民健康保険が使えるし、将来は年金をもらうこともできるわけです。

　ところが**この妻が130万円を稼いだとたん、妻は自分の国民年金と国民健康保険の保険料を支払わなくてはならなくなります**。

　つまり、それまで払わなくてよかった国民年金保険料、国民健康保険料の**合計額約25万円（年間）分、手取りが減る**ことになるわけです。ここは注意するようにしてください。

■「パート」主婦の３つの壁（会社員の妻の場合）

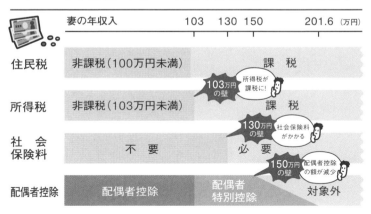

tips 2 「社会保険」に気をつける

保障は増えるが手取りは減る

サラリーマンの妻が約25万円の社会保険料を自分で負担する場合、これを補いプラスとなる採算分岐の年収は170万円になります。

これが「かなり大変！」という方は、最初から**年収を130万円未満に抑えたほうがいい**でしょう。

社会保険のしくみが変わった

ただ正社員が減り公的年金や健康保険の支え手が少なくなる中、国はパートを社会保障の支え手にしていく方向で進んでいます。

以前パートは、週30時間働いてはじめて、会社の社会保険（健康保険・厚生年金）に加入しました。しかし2016年10月からはこの基準が下がり、**週20時間以上働き、収入が年間106万円以上（月8万8000円以上）、雇用期間が1年以上を見込まれる（学生以外の）人は、社会保険に加入することになりました。**

また、スタート時の2016年10月、この制度の対象者は従業員数501人以上の企業に勤める人に限られました。

しかしこれも徐々に引き下げられ、**2022年からは従業員101人以上、2024年からは従業員51人以上の企業が対象**になることになっています。

シングルマザーは待遇改善!

　会社の社会保険料は、労使で折半になります。自分が1万円払えば、会社も1万円払ってくれるというものです。ですからそれまで国民年金や国民健康保険の保険料を自分で支払っていた**パートタイムのシングルマザーや独身女性、自営業を行う妻**などは、こうした企業で社会保険に入れると、**負担が減るのでおトク**です。

　一方、**会社員の妻**は、これによって新たに給料の約1割にあたる保険料を支払うことになりますので**手取りが減ってしまいます。**

　ただ、厚生年金に加入すれば将来もらえる年金額は、国民年金より少し多くなりますし、健康保険に加入すれば病気で休むときも傷病手当金（154ページ）がもらえますから、悪い話ばかりではありません。

手取り、年、約15万円の差!

　同じ106万円稼いでも、社会保険料の負担がない小さな会社に勤める人の手取りは、所得税、住民税、雇用保険料を差し引いて年104万5000円ほど。一方、負担がある企業に勤める人の手取りは、年90万円ちょっとと**その差は約15万円（!）**

　ですからこれについては今後、自身の**働き方のスタンスを考慮の上で企業選びをするといい**でしょう。

　小さな会社で少なく働き、手取りを多くする方法もありますし、ある程度の規模の会社で働き、「国民健康保険・国民年金」から「健康保険・厚生年金」に変えて保障を手厚くする考え方もあるわけです。

ズボラ

節約

キャッシュレス

臆病

パート・主婦

おひとりさま

もしもの
ときの

やっては
いけない

20代

60代

tips 3 「有給」で休む
6カ月以上働けば有給で休める!

2019年4月から、「有給休暇」を年間10日以上取る権利がある人に対して、そのうち5日以上を取らせないと、経営者は働く人1人につき30万円以下の罰金を支払うことになりました。

しかも意外と知られていないのが、**パートでも「有給休暇」が取れる**ことです。そしてパートでも、年間10日以上の有給休暇が取れる人に休暇を与えなかったら、正社員同様、雇用側は罰則の対象になることになりました。ではパートの場合、どんな人が有給休暇を取れるのでしょうか?

パートでも有給で休める!

フルタイムで働いていないパートでも、6カ月以上継続して働き、8割以上出勤していれば、「有給休暇」が取得できます。

週に4日働いているパートだと、働いて6カ月を過ぎれば年間7日の「有給休暇」を与えられ、その後、長く働くごとに日数は増加、3年6カ月を過ぎると年間の有給休暇は10日になります。

週に3日働いているパートは、働いて6カ月を過ぎれば年間5日の「有給休暇」が。こちらも長く働くごとに日数が増え、5年6カ月を過ぎると、年間の有給休暇は10日になります。

ただし、週1回と週2回働くパートについては、長期で働いても有給休暇が10日を超えることはありません。

ズボラ

節約

キャッシュレス

臓病

パート・主婦

おひとりさま

もしものときの

やってはいけない

20代

60代

計画的に有給で休もう

　中小企業では **「自分が休めば周囲に迷惑をかける」** と、本人が有給休暇を返上して働いているケースが少なくありません。

　けれど本人が「休暇は取りません」と言っても、雇用主は「○日から○日の間に、5日以上の有給休暇を取ってください」と日にちまで指定して無理やりにでも取らせないと、**罰則の対象となってしまいます。**

　人手不足が顕著な中小企業は、社員に休まれると仕事が回らなくなるので困るケースもあるでしょう。

　けれど会社にとっても罰則がありますので、そこはしっかり話し合って、**忙しいときに休むことは避けつつも、余裕があるときにしっかり休めるよう、あらかじめ年間のスケジュールを立てておトクに休暇を取りましょう。**

■ パートでも有給休暇が取れる！

	週所定労働日数	1年間の※所定労働日数	継続勤務年数 (年)						
			0.5	1.5	2.5	3.5	4.5	5.5	6.5以上
付与日数(日)	4日	169日〜216日	7	8	9	10	12	13	15
	3日	121日〜168日	5	6	6	8	9	10	11
	2日	73日〜120日	3	4	4	5	6	6	7
	1日	48日〜72日	1	2	2	2	3	3	3

※週以外の期間によって労働日数が定められている場合　　　　　　厚生労働省ホームページより

tips 4 「雇用保険」を活用する
「子育て」「介護」の強い味方！

　パートやアルバイト、派遣社員であっても、週に20時間以上働き、31日以上の雇用のある人は雇用保険に加入でき、**1年以上、雇用保険に入っていると、産休・育休が取得できる可能性があります。**

給付金も出る！

　育休（育児休業）とは、1歳未満の子ども1人につき、1歳になるまで取れる休みで、保育所に入所できないなどのやむを得ない事情があれば、最長、子どもが2歳になるまで延長して取ることができます。

　このとき、雇用保険の被保険者なら、パートやアルバイト、派遣社員であっても「育児休業給付」を、原則、休業開始時の賃金日額の67％（6カ月経過後は50％）、子どもが1歳になるまで受け取ることが可能です（やむを得ない事情があれば、子どもが2歳になるまで延長可）。

　詳しい条件は厚生労働省のサイトを参照の上、ハローワークで相談しましょう。

雇用保険は介護にも使える！

雇用保険は家族の介護にも使えます。

こちらもパートやアルバイト、派遣社員であっても、雇用保険の被保険者であれば、「**介護休業**」が取れます。

介護休業は、対象家族1人につき3回まで、通算93日取れるので、いくつかの介護施設を見学するなど、まとまった時間がほしいときにも使えます。

そして、**雇用保険に12カ月以上加入の被保険者には「介護休業給付金」も支給されます。**

金額の目安は会社から給与が支払われないなど一定の要件を満たすとき、原則、休業開始時の賃金日額の67％が支払われます（正確な金額はハローワークでお尋ねください）。

「子の看護休暇」は無給！

小学校入学前の子どもがケガや発熱、予防接種や健康診断を受けるときには、「**子の看護休暇**」が使えます。

子の看護休暇は、子どもが1人なら年5日、2人以上なら10日取れる休みで、これまでは半日単位でしか取れませんでした。しかし2021年1月からは、「改正育児・介護休業法」で、1時間単位で取れるようになりました。

ただし、子の看護休暇は休んだ間の賃金は出ないので要注意！

また、基本的には仕事を「中抜け」して1時間取得する、といったことはできません。しかし、会社によっては事情を話せば中抜けさせてくれるところもあるかもしれませんし、会社によってはあるいは有給になるところもある可能性はあります。

これについては個々に、会社に相談してみるといいでしょう。

ズボラ

節約

キャッシュレス

職病

パート・主婦

おひとりさま

もしものときの

やってはいけない

20代

60代

tips 5 稼いだら「自分名義」に

給料を夫の口座に入れると損！

**みなさんは、"へそくり"に贈与税がかかる場合があることを
ご存じでしょうか？**

　たとえば稼ぎのない専業主婦が、月々の生活費の中で"へそ
くり"をして、200万円を貯めたとします。この200万円で妻が
自分名義の車を買ったとき、税務署への説明として「"へそく
り"で貯めました」では通用しない場合がある、ということです。

　なぜならそれはもともとご主人が稼いだお金。ですからご主人
から200万円を贈与されたと判断されます。そうなると**妻は約
９万円の贈与税を支払わなくてはなりません。**

　金額が高くなると贈与税額も上がります。たとえば専業主婦が
長年の"へそくり"で1000万円を貯め、自分名義の店を開いた
とします。そうなると納税額はなんと177万円！　**妻がパートで
稼いだお金を家計に入れると、これと同様のことが起こります。**
ですからパートで稼いだ収入は、妻名義にしておくことです。

「パート」収入は自分の口座に！

　結婚前に貯めていたお金や、結婚後、パートなどで貯めたお金
は、贈与税のかからない妻自身のお金。ですからこうしたお金は、
自分名義の預金口座に残すようにしてください。　そうすれば、何
に使っても文句を言われる筋合いはありません。

■ へそくりの平均額

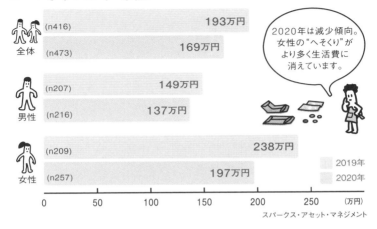

ズボラ

節約

キャッシュレス

聴病

パート・主婦

おひとりさま

もしものときの

やってはいけない

20代

60代

2020年は減少傾向。
女性の"へそくり"が
より多く生活費に
消えています。

スパークス・アセット・マネジメント

「相続税」がかかる!?

　実は財産がある場合、**相続でも同じようなトラブル**が起きることがあります。

　女性は男性より長生きだったり、夫婦は女性のほうが年下であることが多くあります。そうなると妻は夫の死後10年くらいは長生きします。すると当然ながら、妻がご主人の財産を相続することになるわけですが、このとき「パート収入」をご主人の口座に入れていると、**パート収入が相続財産に含まれ、相続税がかかる可能性がある**のです。

　これを避けるには、稼ぎのある妻は稼ぎの範囲内で自分名義の貯金を増やし、稼ぎがなければ、年間110万円の**贈与税の無税枠**を使って、自分名義の預金を増やしておくといいでしょう。

　ご主人の了解のもとに1年間にもらった財産の合計が110万円以下なら贈与税はかかりません。

tips 6 「スキマ時間」で稼ぐ
「クラウドソーシング」を活用しよう

働きたいけど、子どもがまだ小さいから働きに出られない。

介護があるから、時間を思うように捻出できない。

コロナが怖いから、できれば家で働きたい。

そんな人は「**クラウドソーシング**」という働き方を検討しましょう。

「在宅ワーク」で稼ごう

クラウドソーシングとは、ネットを介し、企業が自社の仕事を不特定多数の人（crowd）に、業務委託（sourcing）するシステムです。

ここ数年、企業はコストの安いオンラインマーケットに仕事を発注したり、単発で仕事がほしい人と単発で仕事を発注したい人がネットでつながり仕事をする「**ギグワーク**」が人気です。

今、世界最大の職場はインターネットのクラウドソーシングサイト「**Upwork（アップワーク）**」の中にあります。ここには約1000万人のフリーランサーが登録し、さまざまな企業から仕事を受注しています。

日本にも「**クラウドワークス**」や「**ランサーズ**」といった会社（サイト）があり、クラウドワークスには80万人以上の登録があります。

こうしたサイトは、システムエンジニアなど、ネットに詳しい人向けの仕事が多いのですが、最近は簡単なパッケージデザインやアンケートなど、趣味を兼ねられる仕事も増えています。

主婦向けのサイトも！

現在、こうした企業はどんどん増えていて、最近では**主婦専門のサイト**もできています。

たとえば開発された商品について主婦の立場からリアルな意見を伝える仕事や、主婦向けのお役立ち豆知識記事をネット上に書く仕事などなど、さまざまなものがあります。

主婦に特化しているサイトとしては「ママワークス」があります。ここでは企業がつくった新商品の知名度を上げるために協力したり、語学力を生かして観光に関するパンフレットをつくったり、電話営業を行うなど、主婦向けの多種多様な仕事があります。

得意分野がある人なら、気軽にそれを仕事につなげる「ココナラ」や、体験談や商品の説明文をライティングする「REPO」などをのぞいてみてもいいでしょう。

安全性は自分で判断

ただ、**クラウドソーシングは仕事は紹介してくれますが、相手が悪質な業者でないと保証してくれるものではありません。**

また、サイトそのものが詐欺的なものである場合、見抜くのが難しいこともあります。そこはみんなの評判を見ながら、短期で大量に案件を募集していないかや、評価が低いクライアントを避けるなど、**各自、自衛が必要です。**

ズボラ

節約

キャッシュレス

臆病

パート・主婦

おひとりさま

もしものときの

やってはいけない

20代

60代

for part-timer
and housewives

「仕事」を見つける
マザーズハローワークを使おう

　　子連れ離婚が増えています。 離婚の理由は、パートナーによる暴力や浮気などさまざまですが、一般人の場合、離婚しても芸能人とは違ってもらえる慰謝料などたかが知れています。**200万円から多くても500万円**といったところでしょうか。

　子どもが小さいと、慰謝料とは別に養育費がありますが、妻が子どもをひきとる場合、裁判所から養育費の支払いを命じられても、最後まで支払う夫は意外と少ない！　ですから**シングルマザーになるなら、生活費は自分で稼ぐ覚悟が必要**かもしれません。

仕事探しは「マザーズハローワーク」「マザーズコーナー」で

　子育てしながら仕事をしたいという人は、厚生労働省が行う「マザーズハローワーク」「マザーズコーナー」に相談しましょう。

　ここはママ向けのハローワークで、全国に約200カ所以上あります（2021年現在）。また、**シングルマザーだけでなく、子育てをしながら働きたいすべての男女が対象**です。

　ここでは子育てと両立できる仕事を探してくれたり、保育園の送り迎えや子どもが病気になったときに対応できる企業を選んでくれたり、地域の情報や子育て支援サービスなど、仕事以外の情報提供もしてくれます。就職に役立つセミナーには、託児サービスもついています。

■ 「マザーズハローワーク」「マザーズコーナー」の就職率は9割以上!

	2015	2016	2017	2018	2019
担当者制による支援対象者	73,918人	76,001人	75,085人	75,261人	72,242人
就職者数	67,427人	70,216人	69,765人	70,076人	67,791人
就職率	91.2%	92.4%	92.9%	93.1%	93.8%

厚生労働省

シングルマザーは手当もチェック

子育てには、さまざまな手当もあります。

「児童手当」のほか、シングルマザーは「児童扶養手当」「母子家庭の住宅手当」「生活保護」なども申請できます。

子どもの医療については、「医療費助成制度」が使える他、「ひとり親家庭の医療費助成制度」があります。障害がある場合は「障害児福祉手当」なども使えます。

大黒柱の夫に先立たれても、子どもが18歳になるまで「遺族年金」が支給されます（詳しくは114ページ参照）。

また、離婚や死別で夫と離れて生活し、再婚していない場合は、「寡婦控除」が使える可能性もあります。

その他、**国民健康保険の免除**や**国民年金の免除**、自治体によっては**上下水道料金の割引**、**保育料の免除**、**粗大ゴミの手数料の免除**などの制度もありますから、こうした制度をフル活用して、大変ではありますが、しっかり子育てしていきましょう。

ズボラ

節約

キャッシュレス

贈与

パート・主婦

おひとりさま

もしものときの

やってはいけない

20代

60代

「パートナー」に
先立たれたら

「遺族年金」をもらおう

for part-timer
and housewives

年を重ねると、残念ながら死別でひとりになる方もおられます。ほとんどの夫婦は一生を一緒には終えられません。どちらかが後に残されます。そんなとき覚えておきたいのが「遺族年金」です。

「遺族年金」とは？

「遺族年金」とは、残された家族が路頭に迷わないよう、家族に支給される年金です。ですから子どものいる家族において、大黒柱（夫でも妻でも同じ）が亡くなったら、残された家族に「遺族年金」が支給されます。

たとえば小さな子ども2人と専業主婦の奥さんが残されたとしたら、夫が入っていた国民年金または厚生年金保険の加入年数や、もらっていた給料にもよりますが、**子どもが18歳になるまで月々10〜15万円前後**の「遺族年金」が支給されます。

住宅ローンが「ゼロ」になる

亡くなった夫が住宅ローンを組んでいたとしても、たいていはローンを組んだとき**団体信用生命保険に加入**していますので、その保険金と**残りのローンが相殺されて残債がなくなります。**また会社から**死亡退職金**としてまとまったお金が出るかもしれません。

住宅ローンを返し終えた家に住み、月々15万円前後の年金を

もらい、それとは別にまとまったお金があったとしたら、家族3人、何とか食べていけるでしょう。

妻が亡くなったら？

専業主婦の奥さんが幼い子どもを残して他界した場合でも、夫の年収が850万円未満なら、子どもが18歳になるまで「遺族年金」が出ます。

ただし**夫婦に子どもがいない場合は、支給がないか、金額がかなり少なくなります**。詳しくは年金事務所などで確認するようにしてください。

■ 遺族年金の額（月額）

	子どもがいる場合		子どもがいない場合	
亡くなった夫（妻）が自営業者の場合	子ども1人 約8.3万円	子ども2人 約10.2万円	支給されない ※1	
亡くなった夫（妻）が会社員の場合	子ども1人 約13万円	子ども2人 約14.9万円	残された妻は40歳未満まで 約4.6万円	残された妻は40歳〜64歳まで 約9.5万円 ※2

※ 会社員の夫（妻）の平均報酬月額が35万円の場合
※1 ただし10年以上夫婦の場合、妻については60歳から65歳まで4.8万円支給される。逆の場合、夫への支給はない。
※2 会社員だった妻が亡くなったとき、夫が54歳以下なら支給はない。55歳以上の場合は60歳から支給される。会社員だった夫の死亡当時、妻が30歳未満で子どもがいない場合、支給される年金は夫の死後5年間のみになる。

ズボラ
節約
キャッシュレス
臆病
パート・主婦
おひとりさま
もしものときの
やってはいけない
20代
60代

「1時間700円」で子どもを預ける

「ファミリー・サポート・センター」を活用しよう

昔は近所におじいちゃん、おばあちゃんがいる家が多く、子どもの幼稚園の送り迎えなどは、彼らが強い味方になっていました。

けれどそうした環境が減って、子どもの預け場所もなく、悩んでいる方も多いようです。

そういう方は、地域の「ファミリー・サポート・センター」に問い合わせてはいかがでしょうか。

「預けたい人」と「預かる人」のリアル・マッチングサイト

ファミリー・サポート・センターは、厚生労働省が子育て支援事業の一環として設立したもので、**子どもの面倒を見てもらいたい人と子どもの面倒を見てくれる人を結びつけるリアル・マッチングサイト**です。

会員同士で助け合おう

ファミリー・サポート・センターの設立運営は市区町村。

会員同士で支え合い、**子どもの遊びや発達についての講習を受けた登録会員**が依頼を受けます。

実際に援助の申し入れがあった場合には、アドバイザーを介して地域の登録会員が紹介され、会って人柄などを見極めた上で協力を依頼するシステムになっています。

■ ファミリー・サポート・センターへの依頼例

仕事中に
子どもが急病！
預かってほしい

急用のとき
預かってほしい

放課後面倒を
みてほしい

送り迎えを
してほしい

料金は「１時間７００円」前後！

　ファミリーサポートの平日１時間あたりの利用は、**自治体にもよりますが、700円前後！**　料金の詳細については、各地域のファミリー・サポート・センターに問い合わせてみましょう。

安全面にも配慮！

　子どもの安全対策については、１年に一度の講習を義務づけているだけでなく、**各自治体も安全対策を強化**しています。

　ただ2019年の調査では、預けたい会員が55万人に対して、預かってくれる方が13万人と預かり手のほうが少ない状況でした。

　でもこれは、定年退職を迎えたけれど、まだまだ地域の役に立ちたいシルバー世帯にとって、**子どもを預かって感謝され、さらにはちょっとしたお小遣いにもなるシステム**なので、自治体が宣伝に力を入れれば、改善されていくのではないかと思います。

　子育て経験者ならではのアドバイスもいろいろと受けられるメリットもあるので、安全に拡大してほしいシステムですね。

ズボラ
節約
キャッシュレス
臆病
パート・主婦
おひとりさま
もしものときの
やってはいけない
20代
60代

tips
10

「夫の小遣い」を
減らさない
家計は夫婦で知恵を出し合う

　給料が銀行振込になって以来、家計の主導権は妻が持つケースが増えたようです。そのせいか、**家計が赤字になってくると、容赦なく減らされるのが夫の小遣い**。

　国税庁の調査では、サラリーマンの給料はこの20年、ほとんど増えていません。しかも給料が増えない中、税金や社会保険料、教育費などが増えているので、小遣いが減らされるのもしかたないかもしれません。

　ただ、いきなり頭ごなしに「来月から、あなたのお小遣いを減らします！」と言うのはやめましょう。**そうなると夫婦仲が悪化し、家計での協力体制がつくれなくなるかもしれないからです。**

思いやりと理屈で説く！

　女性は感情で物事を把握しやすく、男性は理屈で物事を把握する傾向があると言われます。だとすれば**理屈でものごとを把握する夫に、感情的な働きかけをしても、共感は得られにくいし、**ますます夫婦仲が冷えるだけ。

　もし、家計を赤字から救いたいなら、まずは月々の収入と支出を細かく書き出し、どれくらい赤字になっているかを数字で示す。

　リアルな数字を見せれば夫も「こんなに赤字なのか」「それなら小遣いを減らされても文句は言えない」と思うでしょう。

そうしたらひと言、「**家計が大変だけど、あなたの小遣いだけ**
は減らしたくない」と言ってください。小遣いを減らされても仕
方ないと思っていたのに、減らしたくないと言われたら、その一
言に妻からの思いやりを感じ、赤字減らしに非協力的だった夫も、
「赤字なんだから、俺が何とかしなくちゃいけない」と、家計の
再建に前向きになるのではないでしょうか。

節約の視点は男女で違う

　妻は日々の買い物の中で、少しでも節約しようとする傾向があ
ります。ただ細かな節約は得意でも、**保険の見直しやローンの組**
み替えなど、大きなしくみを変えるのは苦手な人も多いようです。

　一方、夫は計画づくりやしくみの見直しが得意な人が多く、家
庭の通信費を格安スマホに変えるなど、しくみの見直しが得意な
人が多くいます。もちろん人間には個人差があるので、逆の場合
は、数字を妻の説得に使うといいでしょう。

夫婦で工夫するとうまくいく!

　2011年から株価が上がっているにもかかわらず、**2021年の男**
性の平均お小遣い額は3万8710円と前年比709円減。女性(会社
員)の平均お小遣い額は3万4398円と前年比544円増※ですが、株
主は株高で儲かっても、その恩恵が一般の人にはほとんど届いて
いない状況です。そうだとしたら、妻だけが考えるのではなく、
状況を俯瞰し、互いの得意を発揮しつつ、家計はしっか
り夫婦2人で頭をひねり、上手に操縦していきまし
ょう。

※新生銀行「サラリーマンのお小遣い調査詳細レポート」より。

ズボラ

節約

キャッシュレス

臆病

パート・主婦

おひとりさま

もしものときの

やってはいけない

20代

60代

「おひとりさま」向け
お金ベスト10

for solo

第6章

OHITORISAMA

tips 1 とりあえず「100万円」貯める

おひとりさまは「現金」を貯める

OHITORISAMA

　金融広報中央委員会の調査によると、貯金ゼロの方も含めた単身者の金融資産の平均額は、20代で106万円、30代で359万円、40代で564万円、50代で926万円となっています。

　ただ中央値を見ると、平均額よりかなり低くなっています。中央値とはデータを小さな順に並べて、真ん中に位置する値。これを見ると**20代の半分は貯蓄額が5万円以下、30代の半分は77万円以下**になっています。30代といえば、そこそこ稼ぎもあるでしょう。おひとりさまならなおさらです。にもかかわらず半分の人が貯蓄額77万円以下とは情けない！　ただ、こうした人も「できればもっと貯蓄したい」とは思っています。同じ調査で**「目標残高」**を聞くと、**30代の半数が1000万円以上**と答えています。

■ 単身世帯の年代別貯蓄額（中央値）

77万円
（平均359万円）
30代

54万円
（平均926万円）
50代

5万円
（平均106万円）
20代

50万円
（平均564万円）
40代

300万円
（平均1335万円）
60代

金融広報中央委員会「家計の金融行動に関する世論調査」［単身世帯調査］（令和元年）

「1000万円」貯めるには？

　では1000万円貯めるにはどうしたらいいか。それにはまず、実現可能な100万円を目標にはじめることです。**「低金利だから貯金しても仕方ない」**と、貯金もせずに使ってしまう人がいますが、これを低金利のせいにするのはおかしなこと！

　なぜなら「低金利だから」と嘆くのは貯金を持っている人であり、貯金ゼロの人はそもそも預けるお金がないのですから、「低金利」も「高金利」もありません。まずはお金を貯めてから言うべきセリフでしょう。

まずは「100万円」貯めよう

　もし本気でお金を貯めようと思うなら、最初に目指すは100万円。10万円や20万円だと、ちょっとお金が必要になったらすぐに引き出してなくなってしまう可能性があるからです。

　でも100万円というまとまったお金になると取り崩すには勇気がいります。しかも苦労して100万円を貯めた人は「貯金に成功した」という**成功体験**ができるので、次は300万円、500万円と、その上を目指す気力が育ちます。

おひとりさまは現金があると心強い

　運用するにも、100万円くらいのまとまったお金がなければ、効果は出せません。その意味でも「100万円」というのは、財産形成の一丁目一番地となるスタート地点と言えるでしょう。

　また、おひとりさまが、日常を困らずに暮らすには、何かあったときに使えるある程度の現金があると心強いと思います。

ズボラ

節約

キャッシュレス

臆病

パート主婦

おひとりさま

もしものときの

やってはいけない

20代

60代

tips 2 「72の法則」を使う
お金を倍にする計画を立てる

OHITORISAMA

　100万円貯まったら次は増やしていきましょう。ちなみに**お金を２倍に増やすのに何年かかるかご存じでしょうか？**　これを簡単に計算できる「72の法則」があるのでお教えしましょう。

倍になるのはいつ？

　たとえば現在、メガバンクの定期預金の金利は**0.002％**ですがこの金利で今あるお金を２倍にするには、「72の法則」を使うと【72÷0.002＝36000（年）】（！）もかかることがわかります。気の遠くなる話ですね（計算式は次図参照）。

　逆に一定の期間内にお金を２倍にするには、何％で運用しなくてはならないかも計算できます。

　たとえば、手持ちの100万円を10年で２倍にしたい場合には、【72÷10＝7.2（％）】、30年間で倍にするには【72÷30＝2.4（％）】で運用しなくてはいけないことがわかります。

　ただしこの計算式で使用する金利は**複利**（利息に利息がつくタイプ）かつ、出される結果はだいたいの数字なので、おおよその目安と思った方がいいでしょう。

　元出の資金がいくらであってもこの式が使えますのでいろいろ試してみてください。

借りたお金の計算にも!

「72の法則」は借りたお金の計算にも使えます。

たとえば金利18％で100万円借りたとします。すると【72÷18（％）＝4（年）】。つまり借りっぱなしだとなんと4年で、200万円になるという恐ろしいことがわかります。

最近は安易にカードでお金を借りる人もいますが、計算すると借金が短期間に膨れ上がる状況がわかりますので、怖くなるのではないでしょうか。

おひとりさまはマイペースでお金を貯める方が多くいますが、そんな方こそ人生を俯瞰し、いつまでにいくら貯めたいか、そんなところからも増やし方・借り方を検討するといいでしょう。

■「72の法則」とは?

お金が倍になる期間がわかる数式
72 ÷ 金利 ＝ お金が2倍になる期間

例 金利0.002％で預けた場合、何年でお金は倍になる?
72÷0.002＝36000 年（!）

この式を応用すれば……

例 10年で2倍にしたいときの金利は?
72÷χ（金利）＝10　χ＝72÷10＝7.2％

金利7.2%
が必要

例 30年で2倍にしたいときの金利は?
72÷χ（金利）＝30　χ＝72÷30＝2.4％

金利2.4%
が必要

例 金利18％で借りたお金はいつ倍になる?
72÷18＝4（年）

なんと4年
で倍に!

ズボラ

節約

キャッシュレス

臆病

パート主婦

おひとりさま

もしものときの

やってはいけない

20代

60代

for solo

OHITORISAMA

tips
3

「銀行」を選ぶ

ネット銀行は
メガバンクの100倍!?

100万円貯まったら、次は300万円、500万円と、貯金を増やしていきましょう。そんなとき大事になるのが**金融機関選び**です。

通常金利の100倍以上も!

今、都市銀行の預け入れ金利は、定期預金でも0.001〜0.002％。一方、ネット銀行ならその100倍のところがザラにあります。

たとえば次図1位の愛媛銀行は地方銀行ではありますが、「**愛媛銀行八十八カ所支店**」はネット専用銀行。店に行かなくても口座がつくれ、ゆうちょ銀行とコンビニＡＴＭが、月4回まで利用できます（無料）。全国で利用可能です。

2位の**商工組合中央金庫（商工中金）**は、サラリーマンには馴染みがないかもしれませんが、各道府県にある中小企業対象の金融機関。一般の方も預金できます。

金利のいい銀行のほとんどがインターネットバンキングなのは、人件費がかからないから。その分、高い金利をつけられるのです。

預金は「1000万円＋利息」まで守られる

ネット銀行は実店舗がないので不安だという人もおられるでしょう。けれど、インターネットの銀行も、金融庁の管轄下にあるので、普通の銀行と変わりなく、万が一破綻しても、「当座預金」

■ 定期預金金利ランキング

［メガバンク、ネット銀行、地方銀行、信用金庫等を含む］

順位	銀 行 名	1年もの定期預金の金利 10万円	100万円
1位	愛媛銀行 四国八十八カ所支店	0.20%	0.27%
2位	商工組合中央金庫 商工中金ダイレクト	-	0.22%
2位	島根銀行 インターネットバンキング	0.22%	0.22%
4位	SBJ銀行	0.20%	0.20%
4位	あおぞら銀行 BANK支店	-	0.20%
4位	香川銀行 セルフうどん支店	0.20%	0.20%
4位	高知銀行 よさこいおきゃく支店	0.20%	0.20%
4位	しずおか焼津信用金庫 しずしんインターネット支店	0.20%	0.20%
4位	豊田信用金庫 とよしんインターネット支店	-	0.20%
4位	豊橋信用金庫 インターネット支店	0.20%	0.20%
4位	尼崎信用金庫 ウル虎支店	0.20%	0.20%

青色はキャンペーン金利

※詳細な条件は各銀行にお問い合わせください　2021年8月4日現在　ザイ・オンライン編集部

や「利息のつかない普通預金」は、全額保護されます。

　一方、「定期預金」や「普通預金」は**1行につき預け入れ額1000万円＋利息までしか守られません**。ですからもし心配ならいくつかの銀行に1000万円ずつ分散させて預けるといいでしょう。また、**外貨預金や金融債、投資信託などは、保護対象ではありません**。

「金利1％以上」にはワケがある

　このように金利0.2％前後の預金は、探せばいろいろありますが、**注意しなくてはいけないのは金利1％以上の定期預金**。なぜなら高いものには「ワケ」があるからです。

　金利の高いものは、定期預金にリスクのある「外貨預金」や「投資信託」をセットにしていて、「外貨預金」や「投資信託」の**手数料で儲ける**ために、定期預金を高金利にしているものが多くあります。また「**仕組預金**」といって、預金解約の時期を金融機関が決めるような商品にも十分注意が必要です。

ズボラ／節約／キャッシュレス／隠れ病／パート・主婦／おひとりさま／もしものときの／やってはいけない／20代／60代

OHITORISAMA

tips
4

「まとめ払い」をする
実は貯金よりおトク!

先にご紹介した金利は0．2％。もちろん0.001％に比べれば夢のような金利です。でも**バブルの頃の定期預金の金利が5％以上だったことを考えると、ため息が出る金利です。**

銀行よりも高金利!

こうした超低金利の中でも、今ある預金を活用すれば、銀行より上手にお金を貯められます。

たとえば通勤や通学の定期券や回数券。まとまったお金がないからと1カ月定期を買う人も多くいますが、可処分所得が高いおひとりさまは、貯蓄を取り崩してでも6カ月定期を買い、浮いた分を積み立てましょう。

たとえば東京の国立駅から東京駅に通勤する場合、1カ月定期だと1万6800円ですが6カ月定期なら8万620円と2万180円もおトクです。**約8万円を半年間銀行に置いたとしても利息はほぼゼロですが、このお金で定期を買えば半年後には2万180円のおトクが手に入ります。**

保険もまとめ払いがトク

生命保険もまとめ払いをすると保険料が割引されます。会社や商品にもよりますが、**月払いから年払いにすると年間保険料が2**

〜4％程度安くなります。

　月々２万円の保険料を払っているなら年間24万円支払いますが、これを１年分まとめて払うと5000〜１万円安くなるので、最初に１年分をまとめ払いすれば、実は**運用利回り５〜９％の積立預金と同じ**です。

■ まとめ払いがトク

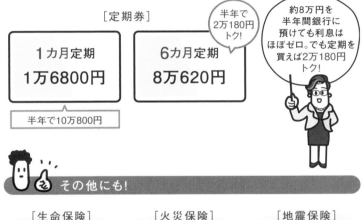

［定期券］

１カ月定期	６カ月定期
１万6800円	８万620円

半年で10万800円

半年で2万180円トク!

約8万円を半年間銀行に預けても利息はほぼゼロ。でも定期を買えば2万180円トク!

その他にも!

［生命保険］	［火災保険］	［地震保険］
年払い	10年分のまとめ払い	5年分のまとめ払い (東京の木造住宅1000万円の保険の場合)
2〜4％トク!	18％トク!	１万4770円トク!
		※支払いは4.65年分でよくなる

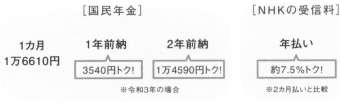

［国民年金］			［NHKの受信料］
１カ月 １万6610円	1年前納	2年前納	年払い
	3540円トク!	１万4590円トク!	約7.5％トク!
	※令和3年の場合		※2カ月払いと比較

「マンション」を買わない
「売っても」「貸して」も損!?

OHITORISAMA

「このままずっとひとりなら、マンションくらい買っておこう」
と思う単身者は少なくありません。

　でもマンションを買うなら、完全に「結婚しない」と決めてからのほうがよさそうです。結婚のチャンスは何歳になってもあります。**もし「いい人が現れたら結婚しよう」と思っているなら、マンションなど買わないほうがいい**でしょう。

　よほどの大金持ちでない限り、ひとり暮らしの物件は1LDKか2LDKなど小ぶりなものです。そこで最期まで暮らせるならいいですが、その後、結婚したり、子どもと一緒に暮らすなら、これでは少し手狭です。結婚のタイミングでパートナーが住居を確保していたり、転勤で「売る」か「貸す」かの選択を迫られることもあるでしょう。そうなると**出資としては「損」**になります。

「売る」とどうなる?

　今、マンションを売るとなると、買った価格の半値以下になることを覚悟したほうがいいでしょう。たとえば頭金500万円で2500万円のマンションを買った場合、ローンは2000万円ですが、その価格帯のマンションだと、立地にもよりますが中古で売ると多分1000万円程度にしかなりません。そうなると**マンションを売った後に1000万円近いローンが残る**ことになってしまいます。

ズボラ

節約

キャッシュレス

臓病

パート・主婦

おひとりさま

もしもの ときの

やっては いけない

20 代

60 代

「貸す」とどうなる?

売るのではなく「賃貸」に回したらどうでしょう。

月8万円くらいの家賃で貸せれば、月々のローンと諸経費、税金くらいはまかなえます。けれど年2回のボーナス払いが1回10万円×30年ローンと仮定すると、**半年ごとの10万円は自腹**。しかもその部屋が**空室**になったら、その分も自腹です。

設備機器などのメンテナンスも計算に入れる必要があるでしょう。風呂釜が壊れたら、それだけで何十万円もかかります。

こうして他人のためにボーナス払いを続け、メンテナンス費用の負担を続け、やっと「ローンが終わった!」と思ったときには、マンションはすでにボロボロ。処分に困ることさえありえます。

身軽でいるのも手!

結婚する可能性があるのなら、わざわざ今からそんなお荷物を抱え込むことはありません。頭金は結婚するときのために、しっかり取っておきましょう。そして本当に「一生結婚しない」という覚悟ができたら、そのとき買うのでいいと思います。

これから日本は「人口減少時代」に突入します。少子化が進み、**一人っ子と一人っ子が結婚して家が一軒余る**という時代がやってきます。しかも今後マンションには、老朽化の問題が重くのしかかり、**築30年を超えるマンションが約200万戸も出る**という話もあります。こうした状況も押さえておくべきでしょう。

生涯未婚率はうなぎ登りに増えており、2015年は**男性約23%、女性約14%**（国立社会保障・人口問題研究所）というデータがあります。マンション購入は、慎重にすべきでしょう。

「公的年金」に入る

「ねんきんダイヤル」

（0570-05-1165）

（03-6700-1165）

for solo

OHITORISAMA

稼ぎがあって優雅な「おひとりさま」なら自由を謳歌できるので、将来への悩みは少ないかもしれません。けれどリッチなおひとりさまばかりではありません。バイトでなんとか生計を立てている人もいます。そういう人にとって**将来はかなり不安**でしょう。

高齢単身世帯の相対的貧困率（2012年）は、男性29.3％、女性44.6％。これは**同年の高齢者全体の貧困率の約2倍**です。

「公的年金」を必ず払おう

将来への不安を少しでも和らげるには、国民の義務である公的年金をきちんと払っておくことです。公的年金は将来の支給額が完全ではありませんが、物価にスライドするので、**老後はそれなりの金額がもらえます。**ただ、「国民年金」の保険料は、令和3年度、月1万6610円（年間約20万円）となっており、収入が少ないおひとりさまは、支払うのが難しい額かもしれません。そういう人は次にご紹介する**免除手続き**を検討しましょう。

「届け出」をすれば万が一でも安心

収入が少ない方には、所得に応じた**保険料免除制度**があります。

この免除申請をして承認されれば、**保険料を払っていなくても、将来、通常もらえる年金額の半分くらいはもらうことができます。**

手続さえしておけば、「遺族年金」「障害年金」の対象にもなるので、万が一、パートナーに先立たれても家族の生活費が出たり、自分が病気やケガで働けなくなったときも保障が出ます。

　特に**うつ病**など精神的な病の場合は、**長期の治療**が必要となることもあります。そんなときも障害年金が使えると助かります。

　令和2年5月1日からは、コロナ禍で国民年金保険料の納付が困難になった人については、**臨時の特例免除申請**の受付手続きが開始されています。

　対象は令和2年2月以降、コロナ禍で収入が減少した人(単に収入が減少しただけでなく、所得の見込みが現在の国民年金保険料免除などに該当する水準になっていること)。該当する人は免除制度が使えないか「**ねんきんダイヤル**」(0570-05-1165・03-6700-1165)で聞いてみましょう。

■「保険料免除」「納付猶予」になる年収の目安

世帯構成	全額免除	一部免除		
		3/4免除	半額免除	1/4免除
単身世帯	122万円 (67万円)	158万円 (103万円)	227万円 (151万円)	296万円 (199万円)
2人世帯(夫婦のみ)	157万円 (102万円)	229万円 (152万円)	304万円 (205万円)	376万円 (257万円)
4人世帯(夫婦 子2人)	257万円 (172万円)	354万円 (240万円)	420万円 (292万円)	486万円 (345万円)

※下段は収入から控除などを引いた後の所得

単身者の場合、全額免除は
年収122万円以下!

ズボラ
節約
キャッシュレス
腰痛
パート・主婦
おひとりさま
もしものときの
やってはいけない
20代
60代

tips
7

「親と同居」する

相続税が安くなる裏ワザ!

OHITORISAMA

親と同居していると「相続税」が安くなるという特例があります。

たとえば父親が、100坪弱で評価額1億円の土地の上に、評価額1500万円の建物が建つ家を残して他界したとします。これをひとり息子が相続すると、父親と同居していない場合、**1670万円の相続税をキャッシュで**収めなくてはなりません。

けれどもしこの息子が父親と同居をしていたら、土地の評価額は8割引(!)の2000万円となり、家屋の1500万円を足して3500万円を相続することになります。

この息子がひとりでこれを相続する場合、基礎控除が3600万円あるので、その分を差し引くと課税遺産はゼロ!　つまり**税金は一銭も支払う必要がなくなります。**これを「**小規模宅地等の特例**」といいます。

「小規模宅地等の特例」を使う

この特例は、住宅なら330㎡までの部分が80%減額、事業用は200㎡と400㎡があり、減額率はそれぞれ50%と80%です。

「小規模宅地等の特例」は、**3つのケース**で使えます。

①配偶者が一緒に住んでいる場合

②親族が同居している場合

③同居していない親族でも一定条件を満たしている場合

■ 小規模宅地等の特例

（100坪弱で評価額1億円の土地の上に評価額1500万円の住宅が建つ家の場合）

父親と別居していた場合

独り息子が相続

相続税として1670万円をキャッシュで支払う

父親と同居していた場合

独り息子が相続

相続税ゼロ！

③の一定条件とは「持ち家がない」こと。これが第一条件なので、俗にこれは**「家なき子特例」**とも呼ばれています。その他、「死亡した人に配偶者がいないこと」や、「死亡直前までに同居していた相続人がいないこと」、「その家を相続後10カ月は所有すること」、「相続開始前3年間は持ち家（配偶者の持ち家も含む）に居住していないこと」などの条件もあります。

老人ホームに入っていたら？

もし故人が亡くなる前、老人ホームに入居していてそこで亡くなったとしたらどうなるのでしょうか？　実は、2014年からは、要介護認定を受けていたなどいくつかの要件を満たせば、**故人が老人ホームに入居していた場合でも「小規模宅地等の特例」の対象となっています**。入居したとき要介護認定をされていなくても、亡くなったとき要介護認定なら大丈夫です。

「2世帯住宅」は要注意

ただし「2世帯住宅」の場合は、**特例が使えるケースと使えないケースがある**ので要注意。ジャッジのポイントは2つあります。

①「区分所有登記」がされているかどうか

②1棟1棟が別々の建物であるかどうか

「区分所有登記」とは?

「区分所有」とは、分譲マンションのように、1つの建物でも部屋は入居者それぞれが買って登記し、自分のものとして所有しているような所有の形態です。

たとえば親が持っている土地の上に親が「2世帯住宅」を建てた場合、子ども世帯と一緒に住んでいても登記上は物件が親のものものであれば、「小規模宅地等の特例」が使えます。

しかし、この2世帯住宅等の1階を親の持ち物として登記し、2階を子どもの持ち物として登記すると、同居していることにはならないので「小規模宅地等の特例」は受けられません。

最近は入口が外付け階段になっていて、アパートのように1階と2階がまったく別の住居になっている2世帯住宅が人気ですが、この場合も**土地、建物が親の持ち物であれば、「小規模宅地等の特例」が使えます。一方、土地と1階は親が所有し、2階部分を長男が所有という場合には、「小規模宅地等の特例」は使えません。**

「1棟1棟が別々の建物」とは?

同じ敷地に親の家と子どもの家が1棟ずつ建っている場合、土地が父親のもので建物は父親と長男が別々に所有していても、内部がつながり全体として**1つの建物で同居しているとみなされれ**

■ 1棟1棟が別々の建物の場合

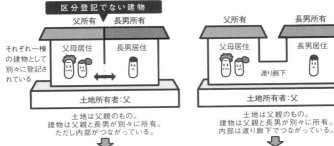

区分登記でない建物

父所有　長男所有

それぞれ一棟の建物として別々に登記されている

父母居住　長男居住

土地所有者：父

土地は父親のもの。
建物は父親と長男が別々に所有。
ただし内部がつながっている。

↓

「小規模宅地等の特例」利用可能
（同居とみなされる）

父所有　長男所有

父母居住　長男居住

渡り廊下

土地所有者：父

土地は父親のもの。
建物は父親と長男が別々に所有。
内部は渡り廊下でつながっている。

↓

「小規模宅地等の特例」利用不可
（同居には該当しない）

ば**「小規模宅地等の特例」の利用が可能です。**ただし２つの建物が渡り廊下などでつながっているような場合は、同居には該当しないと判断されます。

「2.5世帯住宅」とは？

　最近は、おひとりさまや離婚して戻ってきた子どもとも同居するといった親子のために、**「2.5世帯住宅」**というものも出てきています。これは２世帯住宅に１人用の住居がくっついているような物件ですが、これも玄関などが別でも、家屋の所有者が親なら、**「小規模宅地等の特例」の適用が可能**です。

　２世帯住宅で「小規模宅地等の特例」が使えれば、相続は楽ですが、玄関からキッチンまで完全分離の建て方をすれば、相続した人がその後、アパートのように他人に貸して賃料を得ることもできますから、おひとりさまはその後の相続も鑑みて、同居を検討したり、親が２世帯住宅を建てる計画があるなら、事前に税務署などで相談するといいでしょう。

ズボラ

節約

キャッシュレス

闘病

パート・主婦

おひとりさま

もしものときの

やってはいけない

20代

60代

for solo

「保険」を減らす

tips 8

おひとりさまは保険より現金！

OHITORISAMA

一生ひとりで暮らしていくと思うと不安で、いろんな保険に入っておいて、イザというときに備えようという方が多いようです。「おひとりさま」はどんな保険に入っておけばいいのでしょうか。

生命保険は複雑そうに見えて保障は2つ。

それは**死んだときに保険金が出る「死亡保障」**と**入院や通院で給付金が出る「入院（通院）保障」**です。ですから両親に保険金を残さなくてはいけない人でない限り、おひとりさまは後者だけでいいでしょう。

入りすぎた保険を整理しよう

おひとりさまは通常の医療保険の他に、「ガンになったらどうしよう」「女性特有の病気にも備えよう」と、「入院（通院）保障」にあれこれたくさん入っている人が多くいます。

でも保険にたくさん入ったからといって、病気にならないわけではありません。 また、入院してもそこまでお金がかからず病気を治せる人はたくさんいます。

健康保険を使えば、70歳まではかかった費用の3割負担。70歳を過ぎれば1〜2割負担です。しかも3割負担で100万円の治療を受けたとしても30万円支払わなくてはいけないわけではありません。**「高額療養費制度」**という、かかった医療費が一定額

ズボラ

節約

キャッシュレス

臆病

パート・主婦

おひとりさま

もしものときの

やってはいけない

20代

60代

以上になったら**越えた分を払い戻してくれる制度**があるからです。

　たとえば入院して月に100万円の医療費がかかったとすると、自己負担は３割の月30万円ですが、普通の収入の人（年収約370〜約770万円）なら、実際の負担額は９万円弱（８万7430円）ですみます。なぜなら「**高額療養費制度**」**では支払いの上限額が決まっている**からです。

　この上限は**入院が４カ月以上になると、さらに下がります。**月100万円の入院費の方は、１〜３カ月までは約９万円弱（８万7430円）ですが、４カ月目からは４万4400円になります。

健康保険で十分！

　70歳以上になると、現役並みに稼ぐ人でない限り、一般的な収入の人（年収156万円〜約370万円）の医療費は、**月５万7600円が上限**になります。ですから月100万円の治療を半年間続け、医療費が600万円かかったとしても、本人の負担は約30万円ですむわけです。

　今は病院への入院は短期で行うのが基本なので、ガンでも手術して７日間くらいで病院から帰らされます。

　生命保険の入院給付金は、基本的には入院した日数で給付金が決まるので、**短期入院だとあまり支給されない可能性があります。**そうだとしたら、保険はそれほど必要ないでしょう。

　おひとりさまに限りませんが、私たちはそれよりしっかり**現金**を貯めておくべきです。なぜなら、病気もせずに長生きしたら、**生きるためのお金が何より大事**になるからです。

tips 9 「特約」をチェックする
保険の特約はおトクがいっぱい

OHITORISAMA

ペットを飼いたい寂しがり屋の「おひとりさま」は多くいます。
でもペットを飼うには、お金がかかります。
犬も猫も一生涯に必要な経費は100万円をはるかに超えると言われますから、平均寿命で割ると年間10万円くらいはかかります。

ですからペットを飼うのはお金に余裕がある人と思われがちです。でもペットフード協会の調査を見ると、実は飼っている人の多くは年収400万円未満です。

収入が少なくてもペットを飼うのは、ペットが人々の心を癒す、大切な家族の一員だからでしょう。

「ペット」が原因で火災が発生!?

ペットは可愛いですが、しっかり管理しないと、さまざまな問題を引き起こす可能性があります。

2016年には、飼っていたネズミが冷蔵庫の電源コードをかじり断線、ショートしたことで**火災が発生**しています。室内で飼っていた猫がガスコンロのスイッチに触れ、コンロが点火し周辺が焼損、火災一歩手前となった事故もありました。

2018年には、小型犬のミニチュアダックスフンドが暴走し、通行人にケガを負わせたとして、大阪地方裁判所が飼い主に対して**1280万円の賠償金**の支払いを命じた事件もありました。

「ペット保険」に入ろう

「おひとりさま」に限りませんが、ペットの起こした事故で多額の賠償請求をされたら人生が狂ってしまいます。

そんなとき備えとなるのが**「ペット保険」**です。ペット保険とはペットが病院にかかったときの費用の一部を補償したり、「賠償責任特約」を付帯すれば、ペットが他人に傷を負わせたときや物損の際の賠償金も補償してくれます。

ただ、**ペット保険は保険料が高い**ものが多く、ペットの年齢が上がるにしたがい保険料も上がります。また、ペット賠償責任特約は賠償金の上限が500 ～ 1000万円なので、**せっかく加入してもそれ以上の賠償が発生した場合、自腹を切らなくてはなりません。**

「自動車保険」や「火災保険」で代用できるかも!

実はわざわざペット保険に加入しなくても、こうしたトラブルは「自動車保険」や「火災保険」で補償されるかもしれません。

自動車保険や火災保険には、特約として月約100円～ 200円で**「個人賠償責任特約」**がつけられるものが多く、ペットの噛みつきだけでなく、自転車事故、階下への水漏れ、買い物中の商品破損や子どもによる物損など、いろいろなケースに対応できます。

個人賠償責任特約の補償は通常、上限約1億円が一般的。しかも**補償の対象は保険の契約者だけでなく家族全員**です。

もちろん「ペット保険」には、ペットの病気の支払いが安くなる補償などがありますが、「他人にケガを負わせたら困る」と入っているなら、自動車保険や火災保険と補償がダブっているかもしれないので、チェックしてみる価値はあります。

ズボラ

節約

キャッシュレス

闘病

パート主婦

おひとりさま

もしものときの

やってはいけない

20代

60代

tips 10 「しくみ」をつくる
パーキンソンの（第2）法則を知ろう

OHITORISAMA

最後におひとりさまには「パーキンソンの（第2）法則」をご紹介したいと思います。 これは「支出の額は収入の額に達するまで膨張する」という法則です。

使い切るまで支出は増大！

たとえば月収20万円で生活するＡさんについて考えてみましょう。Ａさんは収入をほとんど使ってしまう有様で、まったく貯金ができません。

口ぐせはいつもこう。**「給料が高ければ貯金ができるのに」。**

そんなＡさんは転職することで月収が30万円になりました。

収入が10万円増えたのですから、10万円貯金できると思います。しかしＡさんは結局30万円をすべて使い切り、貯金を増やすことができません。

このように**収入が増えたとしてもそれをすべて使い切るまで支出が増大する**というのが、パーキンソンの第2法則の**本質**です。

だらしない人の法則ではない！

これは「Ａさんがだらしない」という話に聞こえるかもしれませんが、人間は誘惑に弱い生き物。この法則は多くの人に当てはまります。つまり**収入が増えるほど貯金ができると思ったら大間**

違いだということです。

ズボラ

節約

キャッシュレス

贈柄

パート主婦

おひとりさま

もしもの
ときの

やっては
いけない

20代

60代

収入が多い人ほど気をつけよう

　金融広報中央委員会のアンケート（家計の金融行動に関する世論調査（2015年））によれば、年収300万円以上500万円未満の家庭の貯蓄率が20 〜 31．6％なのに対し、年収700万円以上の家庭の貯蓄率は11．5 〜 13．5％。年収が多いからと言って、貯蓄率が上がるわけではありません。ちなみに**年収1000万円以上の世帯でも、貯蓄ゼロという家庭は約１割！**

　そして**最も老後生活が大変なのは年収700万円の層**だと言われています。年収700万円といえば、世間的には高収入の部類に入りますが、その分、年金生活に入っても、生活レベルを下げられない層だと言われています。

　おひとりさまはこうした法則も参考に、第１章でご紹介した**先取り貯蓄**などもすることで、**知らないうちに貯まるしくみをつくる**工夫をしてみてください。

■ 貯蓄率

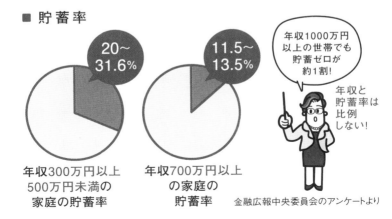

20〜
31.6%

11.5〜
13.5%

年収1000万円
以上の世帯でも
貯蓄ゼロが
約1割!

年収と
貯蓄率は
比例
しない!

年収300万円以上
500万円未満の
家庭の貯蓄率

年収700万円以上
の家庭の
貯蓄率

金融広報中央委員会のアンケートより

「もしものときの」
お金ベスト10

case of emergency

第**7**章

「解雇」されたら

急な解雇は
30日分の手当てをもらえる

新型コロナで、失業を余儀なくされる方が増えています。

**もし会社を解雇されるなら、「自己都合」より「会社都合」に
してもらいましょう。** なぜならもらえる手当が全然違うからです。

すぐお金をもらえる!

「会社都合」の解雇なら、辞めて7日で失業手当がもらえます。

けれど自己都合では、「7日間＋2カ月」の給付制限期間（手
当が出ない期間）が発生します。

また、自己都合なら勤めて1年未満の人は失業手当がもらえま
せんが、会社都合なら勤めて1年未満（ただし6カ月以上である
こと）でも、**最大3カ月分の手当てをもらえます。** 長く勤めてい
た方は、**支給日数が倍以上になることも！** （年齢による）。

それとは別に、新型コロナの影響による解雇の場合は、給付日
数にもよりますが、従来の日数に最大60日分が上乗せされるこ
ともあります。

「明日から来なくていい」と言われたら?

**会社が従業員を解雇する場合、「30日以上前に解雇予告する」
というルールがあります。**

たとえば「明日から来なくていい」と言われたら、平均給料の

30日分の「解雇予告手当」をもらえます。解雇と言われてから10日後の解雇なら20日分、20日後の解雇なら10日分というように最大30日分の給料が確保されるというわけです。

　会社が何の前ぶれもなく倒産した場合も、30日分の「解雇予告手当」が出るケースに相当します。 この場合はまず、労働基準監督署に相談しましょう。

社長が失踪したら！

　会社が自転車操業で、何カ月も給料が**未払いのまま倒産**したり、**社長が失踪**してしまったら。そんな場合は労働者健康安全機構の「未払賃金立替払制度」が使えます。この場合も労働基準監督署に相談し条件を満たせば、パートであっても**半年前からの未払い給料と退職金の8割が受け取れます**（ボーナスは含まれない）。

「再就職手当」をもらおう

　失業して手当をもらっている間に再就職先が決まっても、まだ失業手当が残っていると「もらいきってから就職しよう」と考える人がいるかもしれません。

　でも、それは危険です！ なぜなら今のように就職先をなかなか見つけにくい状況下では、同じような条件の就職先が再び出てくるとは限らないからです。**こういうときは、再就職を優先すべきでしょう。** その代わり、失業手当の支給残日数が3分の1以上で、1年以上雇用されることが見込まれ、一定の条件を満たしている人には、「再就職手当」が出ます。**この手当は失業手当の6〜7割ですが、給料とダブルでもらえておトク**です。

ズボラ

節約

キャッシュレス

臓病

パート主婦

おひとりさま

もしものときの

やってはいけない

20代

60代

tips
2

「仕事」が見つからない

無料で職業訓練を受けられる

　失業しても、失業手当をもらいながら、ハローワークの**ハロートレーニング**（職業訓練）を受けてスキルアップすることで、よりよい就職先を見つけることができるかもしれません。

トレーニングは無料!

　ハロートレーニングを受けるには、自己都合の退職なら雇用保険に最低1年以上加入していること、会社都合の退職なら最低6カ月以上加入していることが条件です。また、就職可能で職探しをしている人でなくては給付を受けられません。

「雇用保険」未加入でも大丈夫!

　では、雇用保険に未加入だったり、加入していたとしても期間が短く条件を満たせなかったり、仕事が見つからないうちに受給期間が終わってしまった人はどうすればいいのでしょうか。

　そういう人には**「求職者支援訓練」**があります。これは、雇用保険を受給できない求職者が、ハローワークの支援指示で仕事を得るための職業訓練を受ける場合に使える制度です。

　職業訓練は無料で受けられるだけでなく、一定の要件を満たせば、**月に10万円の職業訓練受講給付金をもらいながら受講することができます。**

「求職者支援訓練」には、社会人としての基礎的な技能を学ぶ「基礎コース」と実践的な技術も学ぶ「実践コース」があります。

ビジネスパソコンやオフィスワーク、プログラミングなど、在宅ワークにも役に立ちそうな技術だけでなく、**医療・介護事務**や**介護職員実務者研修**など時代のニーズが強いもの、**3次元ＣＡＤ**の活用や**ネイリスト**の技術など、嗜好が強いものもあります。

受給資格など、いずれも詳しくは**お近くのハローワーク**にお問い合わせください。

■ ハロートレーニングを受けてみよう

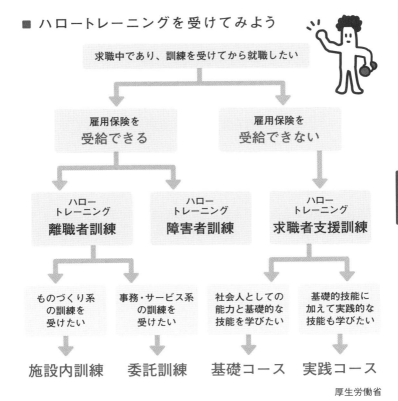

厚生労働省

ズボラ

節約

キャッシュレス

臓病

パート・主婦

おひとりさま

もしもの
ときの

やっては
いけない

20
代

60
代

tips
3

「お金」を借りたい

郵便貯金を担保にすれば
金利0.25％で借りられる

　急な解雇やトラブルで、急ぎお金が入用になる方も増えています。そんなときつい手が出るのが気軽に借りられる**カードローン**。

　どうしてもお金がないときは仕方ないかもしれませんが、**借りたらすぐ返すクセをつけないと、カードローンは利息が高い！**

預金を担保にお金を借りよう

　では、お金が必要になったら、どうすればいいでしょうか。

　そんなとき**預貯金のある方は預貯金を取り崩す**選択をしてください。実はこれが一番。なぜなら預貯金の金利とお金を借りるときの金利を比べると、**圧倒的に取り崩したほうがトク**だからです。

　ただ「せっかくの預貯金を取り崩したくない」という人は、**預貯金を担保にお金を借りるという方法もあります**。郵便局なら実質0.25％、銀行なら実質0.5％の金利で、預貯金の9割くらいまで借りられます。

保険を担保にお金を借りよう

　預貯金はないけれど、以前に入った**生命保険や個人年金がある人は、これを担保にお金を借りることもできます**（契約者貸付）。「生命保険を解約したら保障がなくなり不安」という人も、貯蓄部分がある保険なら、解約せずこれを担保に、解約したとき戻っ

てくる保険金額の９割程度まで、実質１．５～２％程度で貸して
くれます。

自治体で借りる!

貯金も保険もない人は、どうすればいいでしょう。

そういう人は、**自治体の低金利の融資**がないか調べましょう。

たとえば東京都には、社内融資などがない都内の中小企業など
に勤める従業員向けに、**個人融資「さわやか」**があります。ここ
では都が決めている融資条件を満たせば、金利１．８％で、70万
円まで生活資金の融資を受けられます。

各自治体ごと、援助があるところ、ないところがあるので、詳
しくは最寄りの自治体に問い合わせてみてください。

目的を絞って借りるとおトク!

**金融機関でお金を借りるときには、何にでも使えるローンでは
なく、使う目的を絞ったローンを借りましょう。**

たとえば、車の購入でお金を借りるなら**マイカーローン**、教育
資金なら**教育ローン**、リフォーム資金なら**リフォームローン**にす
れば金利はグンと低くなります。

また、**借りるなら都市銀行よりも地方銀行や信用金庫など小回
りが効くところのほうが安く借りられるケースが多い**です。サラ
リーマンなら、会社が労働金庫（ろうきん）と提携していれば会
員価格でかなり安く借りられますし、会員でなくても低利で利用
できます。**ＪＡバンク**も、借りられるのは農家のみと思われがち
ですが、今は普通のサラリーマンでも借りられるところが多く、
金利もかなり低いです。

ズボラ

節約

キャッシュレス

臓病

パート・主婦

おひとりさま

もしものときの

やってはいけない

20代

60代

case of
emergency

tips
4

「家賃」が払えない
月5万3700円の給付制度がある
（単身者の場合）

　大黒柱が失業、休業、廃業したり、離職してしまったら。そんなとき賃貸暮らしだと、月々の家賃が払えなくて困ります。

　こういうときは放置してはいけません。 そのままにしておくと、矢のような催促がきて、2カ月後には「内容証明郵便」が、3カ月を過ぎると**裁判所経由で立ち退きの強制執行**が行われることがあるからです。

助けてくれる制度がある!

　もし生活に困って家賃が払えないなら、「住居確保給付金」で支援してもらうことができるかもしれません。

　これは一定条件を満たせば、**家賃を3カ月間給付してもらえる制度**で、最長12カ月支援してもらう人もいます。

独身なら5万3700円もらえる!

　たとえば東京特別区の場合、ご夫婦なら2人の収入が合わせて月19万4000円以下で、かつ預貯金の合計額が78万円以下なら、**月6万4000円**が、単身者でも収入が月13万7700円以下で、預貯金が50万4000円以下なら、大家さんの口座に**5万3700円**が振り込まれます（金額や期間は、東京23区内でも異なる場合があるので、詳しくは自治体に問い合わせてください）。

■ 給付金をもらおう

〔対象条件〕

☐ 離職・廃業から2年以内

☐ 収入が激減して住むところを失うかもしれない方

☐ 世帯の収入合計額(直近の月)が住民税の均等割が非課税となる額の12分の1と家賃の合計額を超えていないこと

☐ 世帯の預貯金合計額が各市町村で定める額を超えていないこと
※「資産要件」「収入要件」「支給額」は自治体によって異なる

(例) 東京都特別区の支給上限額(月額) ……………………

〔世帯の人数〕

1人	2人	3人
53,700円	64,000円	69,800円

住居確保給付金
相談コールセンター
0120-23-5572
受付時間
9:00～17:00
(平日のみ)

あの手この手で!

　ただ現実には、対象となる条件に合わず、なかなか支給してもらえないケースもあります。その場合には、まず給付金の申請をしていることを大家さんや管理会社に話し、**給付されれば大家さんに直接お金が支払われることを説明**しましょう。

　あるいは誠意を示した上で、猶予や減額のお願いをし、それでもダメなら、入居したときの敷金を家賃の一部にあててほしいなどのお願いをしてはどうでしょう。賃貸は入居するとき、退出時に返してもらう敷金を払っているケースが多くあります。

　「払えない」とただ居座るのではなく、**あの手この手で払う努力している誠意を見せる。**そうすれば相手も人間ですから、「今すぐ出ていけ」と頭ごなしには言わないかもしれません。

tips
5

「うつ」になったら
「傷病手当金」をチェック!

最近、働く人の「うつ病」が増えています。

用心深く真面目で、仕事を頑張りすぎたり、決めごとやルールに従って、それをしっかりこなそうとする態度は評価できます。でも頑張りすぎて精神的に追い詰められてはいけません。

「傷病手当金」で生活できる!

ちゃらんぽらんな人よりも、真面目な人のほうが「うつ病」になりやすいと言われています。でもうつ病は、精神的にリラックスして治療すれば治りやすい病気です。ただ**完治するまでに時間がかかる**と言われています。ですからうつ病になってもクヨクヨせず、気長に治療することを考えましょう。

病気やケガで会社を休んだときには、健康保険から**傷病手当金**が支給されます。傷病手当金をもらうには、次の4つに該当することが必要です。

①**病気やケガの療養のための休業であること**（業務内なら労災を適用）

②**仕事をすることができない状況であること**

③**週4日以上仕事に就けない場合**（3日までは出ない）

④**休業した期間は給料が支払われない**

傷病手当金の支給期間は、最長1年6カ月。いったん復帰した

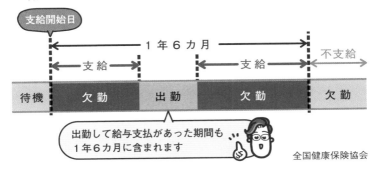

けれど、再び同じ病気で仕事に就けなくなった場合には、復帰期間も含めて1年6カ月にカウントされます。

支給金額は平均的な給料（標準報酬月額）の3分の2。

「うつ病」と診断された場合でも、この傷病手当金がもらえますから、最長1年6カ月の休みをとって、じっくり治療することができます。

「障害年金」もある!

もし傷病手当金が支給される1年6カ月を超えても病気が完治しない場合には、公的年金の「障害年金」をもらえないか聞いてみましょう。

障害年金は、障害が重度によってランクづけされ、重度になるほど支給される金額は高くなります。

障害基礎年金2級の人が受け取れる金額は78万900円（月6万5075円）、1級の人が受け取れる金額は97万6125円（月8万1343円）。対象は20歳から65歳の厚生年金、国民年金に加入している人などです。ただし所得制限がありますので確認ください。

■ 傷病手当金の支給期間

支給開始日

1年6カ月

支給　　　　　　支給　　　　　不支給

| 待機 | 欠勤 | 出勤 | 欠勤 | 欠勤 |

出勤して給与支払があった期間も
1年6カ月に含まれます

全国健康保険協会

tips 6 「奨学金」が返せない
返済できなければ猶予も!

「奨学金」で破綻する家庭が増えています。

2012年から2016年度までの間に、奨学金で自己破産した返還者本人の件数は、8108件。連帯保証人が破産しているのは5499件、保証人が破産している件数は1731件です。

昔は奨学金が返せなくても、一定期間は待ってもらえたものですが、本人が社会人になっても収入が少なく返済が滞る人が増えたため、1998年からは**3カ月以上滞納すると債権が日本学生支援機構から民間の債権回収会社に回されること**になりました。

つまり奨学金といえど、返済では特別扱いされず、返せなければ電話や文書で督促されるだけでなく、債権回収会社が直接自宅を訪問、滞納が3カ月を過ぎると個人信用情報機関に滞納記録が載せられ、実質的に**ブラックリスト入り**することになりました。

就職に悪影響!?

ブラックリストに入ると、消費者金融から新たな借り入れをすることも、クレジットカードをつくることもできなくなります。

それだけではありません。給料が低いことが理由で奨学金が払えない人たちが、より給料の高いところに転職して返済しようと思っても、**いったんブラックリストに載ってしまうと金融機関など給料がいい企業への就職は難しくなってしまうのです。**

延滞金には5％という高い利息がつくので、返済しないままでいると、雪だるま式に増えていく可能性もあります。

　もちろん、経済的に困窮した場合には返済期限を猶予してもらうことも可能です。ただ、適用期間は通常通算10年。

　ちなみに2018年には猶予を受けている人が、のべ約10万人もいます。こうした人の猶予が切れると、その時点で自己破産する若者が増えるのではないかと言われています。

親子共倒れになってはいけない

　実は「奨学金」で人生を狂わされるのは、当人だけではありません。 先述した通り連帯保証人や保証人もかな破産しています。

　奨学金の連帯保証人には、親や親戚がなっているケースが多いので、子どもが自己破産してお金を返せないと、債務は父母や叔父、叔母などに移ります。

　そこで債務を返済できればいいのですが、できない場合は親や親戚も自己破産せざるを得なくなります。

　もちろん、自己破産をして免責を申し出れば、借金はなくなります。ただ自己破産をすると、家や土地は処分され、99万円を超える現金は没収されます。さらには20万円を超える車や宝石など価値を有する財産も没収されますから、**親世代は老後、無一文で放り出されることになりかねません。**

　だとすれば、奨学金の返済は、とにかく早めに手を打ったほうがいいでしょう。ボーナスなどの余剰金があればこの返済を優先したり、どうしても払えないというときは、150ページでご紹介したなどの方法で、とにかく早めに手を打つようにしてください。

ズボラ

節約

キャッシュレス

臓病

パート・主婦

おひとりさま

もしものときの

やってはいけない

20代

60代

「住宅ローン」が払えない

キャッシングより
返済プランの変更を

　コロナの影響で、給料や収入が減ってしまって、**住宅ローンが払えない人が続出しています。**

　住宅ローンは、1日返済が遅れただけでも、借りている銀行から催促の電話や手紙がきます。 実はこれをそのままにしておくと、のちのち大変なことになってしまいます。

無視はダメ!

　銀行では、連絡したにもかかわらず応答がなく、2カ月間支払いがないと、**事故情報**ということで**ブラックリスト入り**します。

　中には1カ月支払いがなかっただけで事故情報扱いになるケースも。リストに入ると取立てが厳しくなるだけでなく、家を売らなくてはならない結果になることもありえます。

　それが怖いので「なんとかしなくては」と、自力でお金を工面しようと**手軽に借りられるキャッシングなどでお金を都合して返そうとする人もいますが、それは一番やってはいけないこと!**

　なぜなら、その月はなんとかそれで返済できても、先々はその手が通用せず、結局は**自己破産**しなくてはならないような結果になるからです。

　もし、収入が減って住宅ローンが返せなくなったら、すぐ銀行に相談しましょう。

今のようなときは、ローンが返せない人がたくさんいるので、銀行ではケース別に対処方法を作成し、返済可能なプランを提示してくれるはずです。

返済見直しの3つのパターン

　銀行に相談に行くと、主に次の3つのパターンでローン返済の見直しを提示されます。ぜひ参考にしてください。

■ 返済プランを変更する

★ 返済期間を延ばす
　文字通り返済期間を延ばすこと。

> 返済終了が老後に食い込む恐れがあるので、収入が元に戻ったら、繰上げ返済で返済期間を縮めよう。

★ 一定期間返済額を減らす
　月10万円のローンの内訳が、元金5万円、金利5万円の場合、たとえば収入が戻るまで支払いは金利の5万円だけにする方法。

> のちの支払い額が大きくなるので、繰上げ返済で元金をどんどん返しましょう。

★ ボーナス返済を見直す
　返済額が月10万円、ボーナス15万円の返済なら、ボーナス月の返済額は25万円。これをボーナス払いなしで月12万5000円にする、あるいは月々はそのままに返済終了を後に延ばすなどの方法。

> 月々の返済額を上げたり、返済終了を先延ばすと老後に影響を及ぼすので注意。

tips 8 「災害」にあったら
最大300万円の支援制度がある

台風や河川の氾濫、土砂災害など、次々と各地で起きる災害を見ていると、災害はいつ自分の身に降りかかるかわかりません。

「災害」に巻き込まれたら

災害でさまざまな被害を受けると、「被災者生活再建支援法」が適用され、被災者が市町村などに被害を申請、市町村が被害状況の調査をし「罹災証明書」を発行したら、これにそって最大300万円が支払われます（金額は被災状況によって異なります）。

荷物には現金を入れておく

災害などイザというときのために防災用具の中には少しの現金を入れておくようにしてください。なぜなら停電になるとATMが停止し、一時的に現金の引き出しができなくなる場合があるからです。また、スマホなどでキャッシュレス決済をしようと思っても、スマホ自体が充電できなければ、支払いはできません。

「通帳」「カード」の紛失は大丈夫

災害時、キャッシュカードや通帳などを紛失しても、大抵の金融機関は緊急対応として、運転免許証などによる本人確認だけで、払戻しをしてくれます。

また、**生命保険証券**や**土地の権利書**など、財産となるさまざまなものもインターネットであとから調べられますので、こうしたものを取りに帰って**二次被害**に遭わないよう注意しましょう。

家が流された!?

「ローン返済中の住宅が流されてしまった」という場合、残念ながら**日本ではローンだけが残ってしまうことになります。**

これは**東日本大震災**でも問題になりましたが、災害時の住宅ローンの「減免」が適用されるのはかなり難しい状況です。

もし、住宅ローンだけが残ってしまったら、とりあえず**自己破産**（次項目参照）して残ったローンを払わなくてもいいよう免責にしてもらうなど、専門家に相談するようにしてください。

■ 支援を受けよう

まずはこれで
しのぎましょう！

住宅被害を受けたら

基礎支援金	加算支援金
住宅の被害の程度に応じて支払われるもの	被災後の生活再建のために支払われるもの

全壊	大規模半壊	建設・購入	補修	賃貸（公営住宅除く）
100万円	50万円	200万円	100万円	50万円

※世帯人数が複数の場合の金額。単身世帯は、複数世帯の支給額の4分の3。

家族が亡くなったら

災害弔慰金	災害障害見舞金
災害によって 亡くなった方、あるいは災害関連死と認定された場合に遺族に支給される	災害で心身に重大な障害を負った方に支給される

大黒柱の方の場合	その他の方の場合	大黒柱の方の場合	その他の方の場合
最大500万円	最大250万円	最大250万円	最大125万円

ズボラ

節約

キャッシュレス

離婚

パート・主婦

おひとりさま

もしものときの

やってはいけない

20代

60代

tips 9 「自己破産」したい
生活保護で急場をしのぐ

　失業や災害などを受けた上に、これまでの借金もたくさんあって「どうすればいいのかわからない」という人もいます。

　そういう人は弁護士に相談し（次項参照）、最悪の場合「自己破産」手続きを取ってもらうことを考えましょう。

「自己破産」とは？

　自己破産をすると、高価な財産や家などは失う可能性がありますが、生活に不可欠な財産は手元に残りますし、免責（借金を支払う義務がなくなること）になれば、そこから生活を立て直すことができます。

　ただし、**企業のブラックリストには載ることになりますので、カードがつくれなくなったり、会社の社長になれないなどの不都合はあります。**

　でも、だからといって戸籍に残るわけでも、大々的に宣伝されるわけでもありません。普通の人が目にしない「官報」に載る程度なので、夫婦でも知らないことがあるほどです。

「生活保護」は国民の権利！

　ギリギリでどうしようもなくなった場合には、「生活保護」を受けることも考えましょう。

ズボラ

節約

キャッシュレス

臆病

パート・主婦

おひとりさま

もしもの
ときの

やっては
いけない

20代

60代

　生活保護にはさまざまな偏見がありますが、憲法が保障し、誰もが持つ「健康で文化的な最低限度の生活」をおくる権利。

　恥ずかしいこと、隠さなくてはいけないことではありません。

　特に昨今のコロナ禍では、自分がどんなに努力をしても、借金を重ね、身動きが取れなくなっている人がたくさんいます。そうした人たちを、国は救う義務があるのです。

ですからとことん困ったら、自殺など考える前に「生活保護」で急場を切り抜けることを考えましょう。

■ 生活保護で支給を受けられるもの

日常生活に
必要な費用
（食費・被服費・
光熱費等）
生活扶助

葬祭費用
葬祭扶助

アパート等の
家賃
住宅扶助

出産費用
出産扶助

義務教育を受ける
ために必要な
学用品費
教育扶助

医療サービス
の費用
医療扶助

就労に必要な
技能の修得等に
かかる費用
生業扶助

介護サービス
の費用
介護扶助

厚生労働省

「弁護士」を雇う
相談だけなら1回5000円〜

case of
emergency

トラブルに巻き込まれたとき、頼りになるのが**弁護士**。

ただ弁護士といっても、どれくらいお金がかかるか見当がつかなかったり、どこで探せばいいのかわからない。そこでここでは**弁護士を頼むときのお金と弁護士の見つけ方**を見ていきましょう。

相談だけなら1回5000〜1万円

弁護士に仕事を頼むと、「**弁護士報酬**」と、コピー代や交通費、通信費などにかかる「**実費**」を支払います。

ただ、弁護士といっても、得意不得意はありますし、人間ですからみなさんから見て、合う、合わないもあるでしょう。ですから、いきなり契約を結んで仕事を依頼するのではなく、まずは困りごとの相談をしてみるのがいいでしょう。

相談だけなら30分で1回5000〜1万円。**自治体の中には、曜日を決めて法律の無料相談をしているところもある**ので、自治体にこうしたサービスがないか聞いてみましょう。

各地の**弁護士会**などでも、電話で無料相談をしているところがあります。相談の結果、裁判までしなくても「調停」や「あっせん」ですむようなら、法務大臣による認証制度である「**かいけつサポート**」などもあります。

■ 弁護士費用はいくら？

弁護士費用

弁護士報酬	実　費
・着手金　・書類作成手数料 ・報酬金　・タイムチャージ ・法律相談料・鑑定料 ・日当　　・顧問料　など	・収入印紙代　・コピー代 ・交通費　　　・保証金 ・通信費　　　・供託金 　　　　　　　　　　など

着手金：結果にかかわらず、頼んだ時点で発生するお金。離婚や倒産処理
　　　　などは10万〜30万円、遺産分割などは50万円前後が多い。

報酬金：成功の程度によって支払われる成功報酬。離婚や倒産処理などは
　　　　10〜30万円、遺産相続は大きな案件だと200万円以上の場合も。

いずれも値段の決まりはなし。大きな案件は高くなるし、
貧しい人の味方をする弁護士さんの場合は安くなります。

※日本弁護士連合会「市民のための弁護士報酬ガイド」より

立替払いにも応じてくれる

　裁判をするとなったら、その分野に強い弁護士を探しましょう。

　これについては各地の弁護士会、あるいはネットで探すなら、**「弁護士ドットコム」**などのサイトを見てもいいでしょう。

　また**「法テラス」**という、国が設立した公的な機関で、相談内容から適切な窓口を紹介してくれる制度もあります。

　ここではお金がなくても無料法律相談を受けられたり、裁判費用が払えないなら、利用者に代わって、弁護士や司法書士に立替払いをしてくれるケースもあります。

「やってはいけない」
お金ベスト10

safer to avoid

第 **8** 章

「リボ払い」をしてはいけない

高金利に要注意！

リボルビング払い（リボ払い）で、借金が返せず破綻する人が増えています。**リボ払いとは、支払いの件数や金額にかかわらず、毎月定額の支払いをする支払い法。**利用限度枠の範囲なら何度も借りることができるので、**気づけば返済利息だけでとんでもないことになりがち**です。

利息が高い！

たとえば30万円のリボルビング枠があり、金利18％で枠いっぱいに借りたとします。この場合、リボ払いで元金を毎月1万円ずつ返すとすると、金利はなんと6万8778円！

怖いのはそれだけではありません。リボ払いは返済しながら常に枠いっぱいのお金が借りられるのです。たとえば前述の30万円を元金1万円ずつ1年間返済すれば、元金は12万円減ります。するとまたそのぶんの借り入れができるのです。

仮にそこで再び12万円を借りると、返済し終わるまでに支払う利息は11万2266円！　もっと頻繁にお金を借りれば利息はどんどん増えるので、払っても払い終えない**「万年借金」**に陥ります。

多重債務に陥りやすい！

また**リボ払いは多重債務に陥りやすく危険**です。多重債務とは、

ズボラ

節約

キャッシュレス

臆病

パート・主婦

おひとりさま

もしもの
ときの

やっては
いけない

20
代

60
代

複数の業者からお金を借りて、返済が困難な状況のこと。

たとえば1枚のカードで借りられる限度額が30万円、これを毎月1万円ずつ返す過程で、また30万円のお金が必要になったとします。この場合、もう1枚カードをつくって月々1万円ずつ返せば、**月2万円の返済で60万円まで借りることができてしまいます。**

カードを3枚つくれば90万円、4枚つくれば120万円借りられる……。こうしてどんどんカードをつくれば大きなお金を借りられます。そして気づいたときには「手に負えない」ということに。

明細を必ずチェックしよう!

最近は**「一括払いのつもりがリボ払いだった!」**と、あわてて国民生活センターに相談するケースが出てきています。

これはリボ払い専用のクレジットカードや、事前登録型のカードがリボ払い設定になっていた場合に起こります。

クレジットカードの利用明細書は、毎月必ず目を通すこと。

リボ払いを利用してしまった場合でも、一括返済は可能です。できるだけ短期で完済し今後は利用しないことをおすすめします。

■ リボ払い地獄に注意!

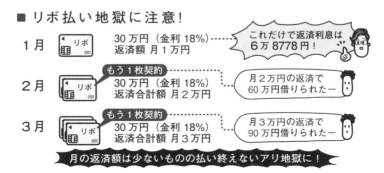

1月　リボ　30万円（金利18%）
返済額 月1万円 ……… これだけで返済利息は6万8778円!

2月　もう1枚契約　30万円（金利18%）
返済合計額 月2万円 ……… 月2万円の返済で60万円借りられたー

3月　もう1枚契約　30万円（金利18%）
返済合計額 月3万円 ……… 月3万円の返済で90万円借りられたー

月の返済額は少ないものの払い終えないアリ地獄に!

「保険で貯金」を してはいけない

今入る貯蓄型の保険は損!

「貯金」と「保険」を混同する人が多くいます。

「貯金」があれば、事故や病気、災害にあっても金銭面では安心ですが、ただ事故や病気、災害はいつやってくるかわかりません。

十分貯まる前に不幸に遭うと、生活が成り立たなくなることもありえます。そこで必要とされるのが「保険」です。

「保険」は加入した時点から、イザというとき一定の保険金が支払われます。たとえば死亡時に1000万円もらえる保険に1万円の保険料を支払って加入したとして、加入直後に亡くなっても1000万円支払われます。1万円しか払っていなくても、死亡時の保険金が1000万円出るのです。

つまり貯金も保険も、いざというときに備えるものではありますが、金融商品として果たす役割やしくみが違うのです。

保険で貯金は損!

将来お金が戻ってくる「貯蓄型の保険」があります。

これは保険に貯金を乗せたような商品です。

ただ、今のような低金利の時代に、貯蓄型の保険はやめたほうがいいでしょう。**なぜなら損になるからです。**

通常、景気がよくなると、貯金は金利が上がり、大きく増える可能性があります。

ズボラ

節約

キャッシュレス

臆病

パート主婦

おひとりさま

もしもの
ときの

やっては
いけない

20
代

60
代

　ところが**保険での貯金については、契約時の金利（今はとても低い）が、最後まで継続される**ことになっています。

　現在、貯蓄型の保険の貯蓄部分の運用利回り（予定利率）は０.３％！　この先、景気がよくなり、どんどん金利が高くなっても、今、契約した保険の貯蓄部分の利回りは０.３％のまま運用されていくのです。

バブル時代の保険は解約禁止！

　逆にバブルの頃、高い金利で貯蓄型の保険に加入した人の中には、低金利の今でも、５.５％というとんでもなく高い金利でお金が運用される人がいます。

　ですから年齢が高い人の中には**「お金を貯めたかったら保険で運用しなさい」**と言う人がいます。

　でもそれは昔の話。

　繰り返しになりますが、**今契約したら、運用利回り（予定利率）は０.３％。５.５％ではない**のです。

保険は掛け捨てでいい！

　総括すると、昔入った保険は、金利がいいので解約してはいけません。でも**これから入る保険については、貯蓄性のない掛け捨て保険にすべき**でしょう。

　「貯金」は銀行、「保険」は掛け捨てで必要な額だけ入るというのが低金利の今の**鉄則**です。

tips 3

「外貨建て保険」に入ってはいけない

為替リスクに気をつける!

「外貨建て生命保険」に加入する人が増えています。

そのせいか、2014年には年間144件だった国民生活センターへの苦情が、2019年には483件と約3倍に増えています。

外貨建て生命保険とは、保険料を日本円ではなく外貨で支払い、保険金や満期金を外貨でもらう保険です。

なぜ、多くの人が加入するのかといえば、「低金利の日本では不可能な**高利回り**の運用ができ、しかもイザというときは生命保険として保険金が支払われる」という謳い文句からでしょう。

円安のときに都合よく死ねない

たしかに日本と比べて海外の金利はとても高い!

たとえば日本の10年国債の金利は0.019%ですが、アメリカの10年国債の金利は1.242%（2021年8月20日現在）とその差**100倍以上**です。

けれど忘れてならないのは、保険料を日本円ではなく外貨で支払い、保険金や満期金を外貨でもらう保険には、常に**為替リスク**があることです。

たとえば1ドル100円のとき100万円分預けた1万ドルは、1ドル120円のときに引き出せば120万円に増えますが、1ドル80円のときに引き出せば80万円に目減りします。

仮に1ドル100円のときに、ドル建ての外貨建て生命保険に1000万円を投入し、死亡時10万ドルの保険金がもらえる契約で加入したとしましょう。亡くなったとき1ドル100円なら、想定通り1000万円の保険金が出る計算です。

けれど人はいつ死ぬかわかりません。そのときの為替がどれくらいかも決して予想できません。

死亡時の為替が1ドル120円の「円安」だったら保険金は1200万円になりますが、1ドル80円の「円高」だったら、保険金は想定より200万円も低い800万円になってしまいます。

生命保険は残された家族の生活を支えるためのものなので、受取額がわからないと計画のめどが立てにくくなってしまいます。

物価上昇に弱い！

また**外貨建て生命保険は普通の生命保険より手数料が高いので、**この商品は「売る方にとっては二重の手数料が取れるおいしい金融商品」「買う側にとっては保険と為替の二重リスクがある商品」だと言えます。

しかも、物価は徐々に変わります。今は「1000万円残してもらえたら、あとはなんとかなる」と思っていても、30年後に物価が上がっていたら、今の1000万円が200万円くらいの価値になっているかもしれません。ですからこれは**インフレに弱い商品**だということも覚えておいたほうがいいでしょう。

以上を理解した上で契約しないと、後で後悔することになりかねません。**高い利率というメリットだけで判断せず、デメリットがあることも、しっかり理解してください。**

ズボラ

節約

キャッシュレス

臆病

パート・主婦

おひとりさま

もしものときの

やってはいけない

20代

60代

「こども保険」には
入らない

入ってもお金のムダ?!

　子どもが生まれたら、**こども保険**に加入しなくてはいけないと思っている人たちがいます。

　そんなみなさんが、この保険に入る理由は以下の3つ。1つずつ検証していきましょう。

　①子どもの入院やケガに備える

　②大黒柱が他界したときに備える

　③子どもの将来のための貯金

子どものケガは自治体が負担

　実は子どもの場合、かかった医療費を自治体が負担するところが増えています。厚生労働省の2018年度の調査では、全国1741市区町村の65％が中学生までの医療費を補助、高校まで補助しているところも約3割あります。

　一部自己負担のところもありますが、**6割は自己負担なし。**少子化で子どもの医療費を助成するという自治体は増えています。

大黒柱は保険に加入済

　大黒柱になる方は、多くが生命保険に加入してます。

　住宅ローンも、支払っていた大黒柱が死亡すれば、団体信用生命保険と相殺されて借金がない家が残ります。

また、現実的には子どもが成人する前に大黒柱が死亡するご家庭は、そう多くありません。

貯金としての旨味はない!

「こども保険」の中でも貯蓄性を重視したのが「学資保険」ですが、**今は保険の運用利回り（予定利率）が0.3％前後で、貯蓄商品としての旨味はほとんどありません**。たとえば、男の子が生まれた30歳のパパが、総額100万円受け取れる学資保険に加入すると、保険料は月約5170円。18歳までの総支払額は約112万円。しかも18年後の100万円に、今の100万円の価値があるかどうかも疑問です。**以上のことを考えると、わざわざ学資保険に入る必要はないのではないでしょうか。**

■「こども保険」はいらない

子どもの入院やケガへの備え
子どもの医療費は自治体での負担が
増えている。

大黒柱の他界への備え
大黒柱になる方の多くが団体信用生命保険に
加入済。万が一の死亡で住宅ローンが残っても、
保険と相殺され借金がない家が残る。

子どもの将来のための貯金
保険の運用利回りが0.3％前後で旨味なし!
備えるなら途中解約で目減りする保険より
いつでも引き出せる貯金がベター。

ズボラ

節約

キャッシュレス

臓病

パート・主婦

おひとりさま

もしもの
ときの

やっては
いけない

20
代

60
代

tips
5

「年利1％以上」で
預けてはいけない

おいしいものには罠がある!

うんざりするような低金利が続く中、「定期預金の金利が年1％」と聞いたら、「ラッキー!」と飛びつきたくなりますよね？

でも今のような時期に、ここまで好条件の商品があるとしたら「何か理由があるのでは」と思ったほうが無難です。

確認しよう!

金利1％以上の商品を見たら、最初に確認したいのは**投資とセットの商品**（たとえば「定期預金＋投資信託」「定期預金＋外貨預金」「定期預金＋外国債券」など）ではないかということです。

たとえばこうした商品に、各々100万円を預けたときのシミュレーションが次ページです。

ちなみに、定期預金の利息が年率1％だと、もらえる利息は年1万円と考えがちだと思いますが、こういう商品の多くは**3カ月満期**のものが多いので、金利1％でももらえる金利は3カ月分に当たる2500円であるケースが多いことも忘れてはいけません。（※ただ話がややこしくなるので次ページでは年間1％は1万円の利息として計算します）。

年金とのセットならアリ!

同じセット商品でも「年金受け取り口座」などとのセットで金

利がよくなる商品なら、高金利も「**アリ**」かもしれません。

　たとえば**ＪＡ大阪市**では、公的年金や恩給をもらっている60歳以上の方に限り、1人300万円を限度にシルバー定期貯金1年ものが金利０.２％になっています。札幌に本店がある**ウリ信用組合**の「悠ライフⅣ」も、年金受け取り口座を同信用金庫にすれば、金利は最大０.65％になります（期間限定）。

　お金を預ける場合には、こうした理由があるとき以外は変に欲をかかず、安心して預けられる商品を選んだほうがいいでしょう。

■ 100万円預けたら？

【定期預金＋投資信託】で金利1％の商品の場合

銀行の投資信託は、窓口で買うと手数料が1～3％（1～3万円）、信託報酬（手数料）が年間1～3％（1～3万円）発生。1万円の利息があってもそれ以上に増えないとマイナスになる可能性アリ。

【定期預金＋外貨預金】で金利1％の商品の場合

銀行の外貨預金は、預金時は円→外貨、満期時は外貨→円に戻して引き出す。その際、米ドルやユーロは1ドル1円、その他の通貨はもっと高い取扱手数料がかかる（手数料は金融機関によって違う）。仮に1ドル100円のとき100万円を窓口でドルで預けると1万円、引き出すときも100万円のままなら1万円の、計2万円の手数料が発生。為替リスクもある。1万円の利息があってもマイナスになる可能性アリ。

【定期預金＋外国債券】で金利1％の商品の場合

外貨預金同様、外国債権も為替手数料がかかり1万円の利息があってもマイナスになる可能性アリ。

ズボラ

節約

キャッシュレス

臓病

パート・主婦

おひとりさま

もしものときの

やってはいけない

20代

60代

「マンション投資」を してはいけない

経費とリスクを計算しよう

　将来の年金も減りそうだし、低金利で貯金も増えないから、老後はいったいどうしようと思っている人が「1000万円のマンションで、年間100万円の家賃収入。利回りなんと10％、頭金ゼロ！サラリーマンでも節税になって実質年収アップ！　老後も年金代わりになる高利回りのマンション投資をしよう」と聞いたら、心が動くのではないでしょうか。

検証しよう！

　1000万円投資して、年間100万円（家賃は約8万3000円）が手に入れば、たしかに利回りは10％。誰が電卓を叩いても10％。

　ただ、ここで見落としがちなのが「頭金ゼロ」の文字。つまり**1000万円は手持ちのお金ではなく借入金**だということです。

　当然ながら借入金には利息がつきます。投資用マンションの**ローン金利は通常の住宅ローンより少し高めの2〜5％**。仮に1000万円を3.5％、30年返済で借りれば、**総返済額は約1620万円、月々の返済額は約4万5000円**になります。

　その他、マンションを買うときは、**不動産取得税、登録免許税**や**リフォーム代、エアコン費用**などもかかります（150万円前後）。その他、**管理費**と**修繕積立金**で月約2万円。家賃回収は不動産業者が**管理代行**すれば、こちらは家賃の約5〜7％。その他、

空室になっても住宅ローンを払わなくてはならないし、トイレやエアコン、お風呂の**修繕費用**も大家持ち。

マンションが古くなれば家賃を下げざるを得ないので、そのリスクも織り込むと、**10%利回りなど軽く飛んでしまいます。**

節税効果も薄い！

ただ投資用マンションは、運用が赤字ならそのぶん所得税が減ります。でも、普通のサラリーマンは、医療費控除などですでに節税している人が多く、そうなると**年収が1000万円以上ないと節税にはならない**かもしれません。

現在日本にある約700万戸のマンションのうち、約200万戸は築30年以上。けれどそのほとんどが資金面で建て替えられないまま年数を重ねています。そうなると売るに売れない状況のまま、物件を抱えて老後に突入することになるわけです。それでは老後の安定どころか**「不安な老後」**を迎えることになるでしょう。

■ マンション投資をやめたほうがいい3つの理由

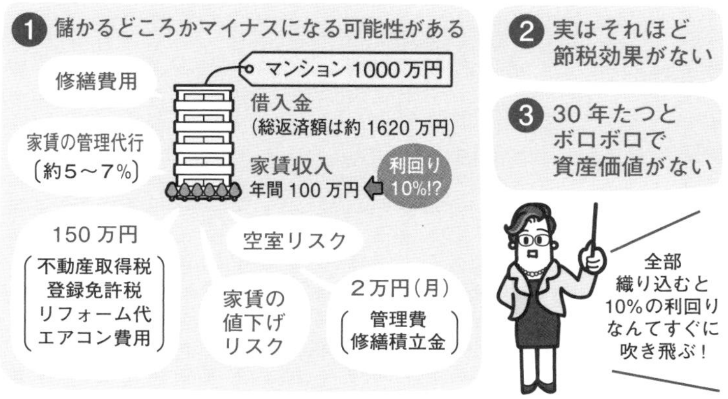

❶ 儲かるどころかマイナスになる可能性がある
修繕費用
マンション1000万円
借入金
(総返済額は約1620万円)
家賃の管理代行
(約5～7%)
家賃収入
年間100万円
利回り
10%!?
150万円
(不動産取得税
登録免許税
リフォーム代
エアコン費用)
空室リスク
家賃の
値下げ
リスク
2万円(月)
(管理費
修繕積立金)
❷ 実はそれほど
節税効果がない
❸ 30年たつと
ボロボロで
資産価値がない
全部
織り込むと
10%の利回り
なんてすぐに
吹き飛ぶ！

「長期投資」を
してはいけない
30年より3カ月先を読んで投資する

　みなさんが30年後の自分がどうなっているか、予想できないのと同じように、今から30年前、大きな銀行や保険会社が破綻し、アメリカで同時多発テロが起き、ユーロという巨大経済圏が出現し、リーマンショックが起き、東日本大震災が起き、新型コロナの蔓延を予想した人はいませんでした。

投資もこれと同じです。

　当時6％ほどだった銀行の定期預金の金利が、30年後にゼロ金利になり、4万円近かった株価が2万円台にまで落ちるなど、誰も予想しませんでした。

プロは短期で勝負している!

　今、金融機関に行くと、判で押したように「長期投資」をすすめられます。 けれど「投資のプロ」と言われる人でも、30年後がわかる人などほとんどいません。

　それどころか「長期投資の金融商品」と言われる**投資信託**でさえ、長期投資の視点から運用しているファンドマネージャーはたぶんいないと思います。

　なぜなら外資系の会社などで働く人の多くは、3カ月単位で運用成績が評価され（まれに6カ月のケースも）、そこで運用成績が悪ければ**クビ**になってしまうからです。

３カ月後に実績を残すために金融商品を運用している人たちが、どれくらい長期投資を考えているかといえば疑問です。

　実は３カ月単位で利益を追うというのは、投資においては正解です。なぜなら20年先、30年先のことはわからないけれど、３カ月先のことならそこそこ状況把握できるケースが多いからです。

「長期がいい」には根拠がない!

　ではなぜ投資商品を売る側は、「長期投資だから大丈夫」などと言うのでしょうか。

　それは「どうなるかわかりませんが、短期で見るといい投資です」という言葉より、「これは将来に備えた長期投資の商品です」という言葉に、多くの人が魅力を感じるからではないでしょうか。

　売る側としても、売った商品が万が一値下がりしたとしても、「この商品は、長期投資を基本としていますから、今はダメでも長い目で見たらよくなるはずです」と言い訳できます。

　そしてプロにそう言われると、素人は「そうかな」と思ってしまうのかもしれません。

これまでとこれからの景気は違う!

　人は自分の経験から物事を考えます。

　たぶん今、投資するお金を持っているような人の中には、景気の右肩上がりを経験した人生を送ってきた人が多いでしょう。

　でも「長期でよくなる」という言葉には、何の根拠もありません。そうだとしたら、**そんな言葉で多額のお金を預けるよりも、足元を見た短期投資を考えるべきではないでしょうか。**

ズボラ

節約

キャッシュレス

臆病

パート・主婦

おひとりさま

もしものときの

やってはいけない

20代

60代

tips
8

「iDeCo」に気をつける

60歳まで引き出せない!

先の続きになりますが、**投資の基本は長期投資**ということで、国を挙げて「iDeCo（イデコ）」や「NISA（ニーサ）」をすすめています。

しかも金融庁のホームページを見ると、金融商品を長期で積み立てれば、将来お金に困ることはないという書きっぷり。

でも、本当にそうでしょうか。

ここではまず「iDeCo」について見ていきましょう。

「iDeCo（イデコ）」とは？

「iDeCo（イデコ）」とは、**個人型確定拠出年金とも呼ばれる私的年金の制度**で、加入は任意。基本的には20歳以上60歳未満のすべての人が加入できます。

運用方法を自分で選んで掛金（上限があります）を運用。

メリットとしては掛金が全額所得控除、運用益が非課税、一時金で受け取る場合は「退職所得控除」、年金で受け取る場合は「公的年金等控除」が適用され、一定金額までは税金がかかりません。

デメリットとしては、**60歳になるまで、原則、お金を引き出すことができない**ことです。ただ受け取るときには、上記の通り、税制上の優遇措置が受けられます。

若者は老後までのリスクを先に考える

　終身雇用が崩れ、1つの会社で一生勤め上げる時代は終わりました。この約30年間を振り返ると、日本はバブル崩壊（1991年）、リーマンショック（2008年）とたびたび経済危機が起き、リストラが繰り返されました。iDeCoにはたしかに節税メリットはありますし、老後の資金は貯められます。**でも若い方は老後以前に、さまざまな危機に見舞われることが予想されます。それにiDeCoは対応できそうにない！** ですから60歳まで引き出せないiDeCoは若い方にはあまりおすすめできません。投資商品なので**元本割れのリスク**もあります。

40代、50代は?

　40代、50代は、若者より人生のリスクは減りますので、住宅ローンなど大きな借金をすべて返し終わった上で余裕資金がある方は、iDeCoもいいでしょう。

　ただiDeCoのラインナップには定期預金もありますが、**年間2000円から7000円の手数料がかかるので、投資商品を選ばなくては意味がない。** ですからリスクを覚悟で、投資商品が選べない人はやらないほうがいい！　またサラリーマンで退職金をもらう人は、iDeCoを一時金でもらうと、金額にもよりますが思いもしない高額な税金を取られる可能性があるので注意しましょう。

　自営業者なら、iDeCoと同じような節税効果がありながら、預金として確実に増やせ、預けている間もそれを担保に借り入れができる**「小規模企業共済」**のほうが、60歳まで引き出せないiDeCoより心強いかもしれません。

「NISA」に気をつける
運用に失敗すると増税になる!?

次は「NISA（ニーサ）」を見ていきましょう。

「NISA」とは「NISA口座」で、毎年一定金額の範囲内で購入した株式や投資信託などから得られる利益に対して、税金（約20％）がかからなくなる制度です。

これには「NISA」と「つみたてNISA」があります。

「NISA」は毎年120万円の非課税投資枠が設定され、株式・投資信託等の配当・譲渡益等が非課税になります。

一方、「つみたてNISA」は少額投資を支援する非課税制度で、購入上限金額は年間40万円まで、非課税期間は20年間、購入できる商品は、長期・積立・分散投資に適した一定の投資信託に限られるという商品です。

メリットは節税効果

たとえば100万円で買った株が150万円になったら、50万円儲かります。このとき通常なら**売却益のうちの約20％は税金**として国に収めなくてはなりません。つまり、約10万円手取りが減るわけです。しかし「NISA」の口座であれば、この約10万円の税金を支払わなくていい。これが「NISA」の非課税メリットです。ただし「NISA」には、あまり言われていないデメリットもあります。

株価が下がると増税になる!?

投資商品は、値上がりもすれば、値下がりもします。

値下がりに弱く、下がったら余計に税金を払わなくてはならない可能性があるのが「NISA」です。

たとえば100万円で買った株が、5年後50万円になったとします。通常の株式口座なら、100万円になるまで待って100万円に戻ったところで売れば、儲けも出ませんが損も出ません。

ところが「NISA」口座には最長でも5年しか置けないので、5年経ったら、売るかどこかに移すことになります。普通の人は、50万円の損をして売るのは難しいでしょうから、そうなると一般の証券口座か「新NISA口座」（2024年より）に移して値上がりを待つことになります。このとき問題になるのが、**100万円で買った株でも、移したときに50万円だったら、購入価格が50万円になる点**です。つまり50万円を一般の口座に移した後、買った価格の100万円に戻ったら、売却益は50万円とみなされ、その約20％に当たる約10万円の税金がかかり**実質増税**になるわけです。

今後の株高を予想できるか？

「NISA」には、1人1口座しか持てず損益通算できないなどのデメリットもあるのですが、それ以上に考えたいのが、この先まだまだ株価が上がっていくかどうかということ。上がれば「NISA」は税金面で有利ですが、下がり続けたら、先の**隠れ課税**のデメリットが表面化してくる可能性があります。

したがってこれから経済がよくなり株価が上がる確信がないなら、無理に「NISA」で投資する必要はないのではないでしょうか。

ズボラ

節約

キャッシュレス

臆病

パート・主婦

おひとりさま

もしものときの

やってはいけない

20代

60代

safer to avoid

tips

10

「タンス預金」を してはいけない

「詐欺」に狙われたら１８８（イヤヤ）に電話

「今どきタンス預金なんて」という声が聞こえてきそうですが、**新型コロナで、家計に積み上がった「タンス預金（現金）」が、過去最高の100兆円を突破しました。**

　ここにはみなさんの財布にある現金も含まれますが、それを差し引いたとしても、膨大な額が家庭に眠っていることになります。

　よくゴミの山の中から何千万円もの現金が出てくるニュースがありますが、これは**「金融機関は信じられない」「他人に預けるのが怖い」**という方が、タンス預金を抱えたまま亡くなり、遺品が整理されないままゴミ処理場に捨てられたケースかもしれません。

「振り込め詐欺」の温床に！

　タンス預金があると、**振り込め詐欺やオレオレ詐欺**などの特殊詐欺の標的になりやすいと言われています。

　警察庁によれば、2020年の特殊詐欺の認知件数は１万3526件。

　こんなにあちこちで「オレオレ詐欺に気をつけろ！」と言われているのに、多くの人が騙されるのは、**タンス預金と無縁ではない**でしょう。

　今、銀行など金融機関の窓口では、大金を引き出すと銀行員が声をかけます。ところがタンス預金で手元にお金がある人は、つ

いつい口車に乗せられて、右から左にお金を出してしまうことがあるようです。**たしかに銀行にお金を預けてもほとんど利息はつきません。でもタンス預金で家に置いて置くのは危険**です。

「自分は騙されない」と思わない

年配の方の中には、2000年前後の多くの金融機関の破綻の記憶に、**銀行不信**に陥っている方も多いかもしれません。

ただ、今はそんなに簡単に銀行を倒産させないしくみになっていますし、**もし倒産したとしても、預金保険機構で銀行（信用金庫等も含む）1行あたり、預金1000万円プラス利息までは、確実に守られる**ことになっています。

ですから3000万円あってどうしても破綻が心配という人も、1000万円ずつ3つの銀行に分けて預けておけば安心です。

もし騙されたら！

内閣府の調査では、約8割の人が「自分は騙されない」と思っていますが、いつも騙されないとは限りません。

詐欺を防ぐ手段としては、大金はタンス預金ではなく銀行に預けること。そして万が一、大金の用意が必要になっても、その場では返事をせず保留し、周りに相談するか、**消費生活センター**で判断してもらうほうがいいでしょう。

消費生活センター（消費者ホットライン）の連絡先は電話番号188。〝イヤヤ（188）〟と覚えておきましょう。その他、自治体には無料で暮らしや法律に関する相談を行うところもありますし、生協などの家計相談支援事業を訪ねてみるのもいいでしょう。

ズボラ

節約

キャッシュレス

臆病

パート・主婦

おひとりさま

もしものときの

やってはいけない

20代

60代

「20代」向け
お金ベスト10

for 20s

tips 1 「投資」をする
「外貨預金」「株式投資」「ETF」

私は人生が終わりに近づいている人は、今さら危険に身を投じることはないと思っているので、投資はおすすめしていません。

けれどこれからさまざまな経験をしていく若い方は、20代のうちに投資などもやってみて、厳しさや上手な増やし方を学んだ方がいいと思っています。

ただ、なけなしのお金で投資をしても、いい結果は得られません。また、リスクを負ってもそれに対処できる十分なお金がなければ、投資で勝つのは難しい！

そういう意味ではまず、ゼロから100万円を貯めてください。それをテコに、大きく増やしていきましょう。

20代におすすめ投資3つ

銀行などにいくと、初心者には**投資信託（ファンド）**がいいとすすめられます。投資信託は運用のプロが、預かったお金をさまざまな金融商品に投資してくれるので、安心で勉強いらず、手間いらず！　**けれど20代はそんな手抜きは絶対ダメです。**大切なのは投資の基本を学び、人生に役立てることだからです。

そこでここでは20代のみなさんに、「**外貨預金**」「**株式投資**」「**ＥＴＦ（上場投資信託)**」をおすすめしたいと思います。

外貨預金

海外関連の仕事をしている人には特に外貨預金がおすすめです。たとえばアメリカドルなら普通預金で1ドル（銀行によっては0・01ドル）から預け入れ可能。通貨には**ユーロ**や**ポンド**、**人民元**、**ロシアルーブル**などさまざまな通貨があり、常にこのレート（為替）は動いています。経済にも深く関わっているので勉強になります。「**FX（外国為替証拠金取引)**」もこの延長線上にある商品ですが、ギャンブル性が強いので、初心者はまずは外貨預金で為替のしくみを熟知してからにしましょう。

株式投資

株価は経済を映す鏡と言われています。新型コロナの影響下では同じ「運送業界」でも、人を運ぶ飛行機や船関係の株価は下がり、モノを運ぶ宅配業者の株価は上がっています。**株を持つことでこうしたことを知っていれば転職の際にも参考になるでしょう。**

株は1万円以下で買えるものから、数百万円必要なものまでさまざまあり、1株持っていると経済に興味が湧くはずです。

ETF（上場投資信託）

「**ETF**」は投資信託の一種ですが、**さまざまな指数に連動していて、株と同じようにリアルタイムで売り買いができ、手数料も安く設定されています。**たとえば金に興味を持ったとき、現物を買うと手数料や消費税などでかなりのお金がかかります。でも、金のETF（純金上場信託）なら安く手軽に、金を買うのと同じ効果が得られ、相場感も養われます。

tips 2 「ドル」を買う
「外貨（ドル）」預金をはじめよう

　20代がお金を増やす上で、興味を持っておきたいのはやっぱり「経済」。

　経済は今やグローバルで、世界は経済で繋がっています。

　その動きを知るために経済の本を読むというのもいいですが、**リアルタイムに経済を知りたかったら、まず「ドル」を買う（ドルによる外貨預金）がおすすめです。**

　多額でなくてもいいのでドルを持っていると、まずは**為替**が気になります。為替が大きく動くとき、世界の経済も大きく動く。

　この動きから投資の勘を磨きつつ、お金を増やしていくのです。

なぜ「ドル」？

　世界にはさまざまな通貨がありますが、複数の通貨を買う必要はありません。

　もし20代のみなさんが買うとしたら、まずは「ドル」がいいでしょう。

　なぜドルかといえば、次のような理由があります。

・ドルは基軸通貨で世界経済に大きな影響を与えている

・日本はアメリカとの関係が深い

・ドル預金なら100円くらいからはじめられて手頃

・ドルとユーロのレートは、ニュースで頻繁に流れ変化がわかる

経済が動くと為替も動く

　日本の経済は為替レートと密接に関係します。**傾向的には円高になると不景気、円安になると好景気になってきました。**

　バブルの頃（1990年）は、１ドル**160円**で経済は好調。

　しかしその後５年間でバブルは崩壊、1995年４月には１ドル**75円75銭**という超円高になり、不況の波が押し寄せます。

　ただ、あまりに円高になりすぎたので、協調介入で円安に。その後、山一證券や長期信用銀行など大きな金融機関の相次ぐ破綻で円が売られ、１ドル**150円**手前まで円安になりました。

　これに対して、政府は積極的な財政出動を行い、2005年には１ドル**100円**近辺に。その後、大きく円高になったのは、リーマンショック後。東日本大震災で、生命保険会社が多額の保険料の支払いのために手持ちのドルを売るのではという憶測が働き、超円高になりました。その後は復興のために、多額の財政出動で、円は再び円安に動きました。**ドルを持てばこうした動きがつかめます。それを見ながら投資の勘を磨くのです。**

■ ドル円チャート

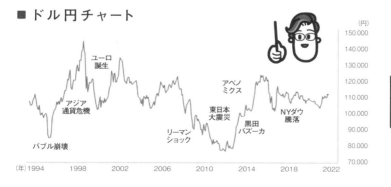

バブル崩壊
アジア通貨危機
ユーロ誕生
リーマンショック
東日本大震災
黒田バズーカ
アベノミクス
NYダウ騰落

(円)
150.000
140.000
130.000
120.000
110.000
100.000
90.000
80.000
70.000

(年)1994　1998　2002　2006　2010　2014　2018　2022

ズボラ

節約

キャッシュレス

臆病

パート主婦

おひとりさま

もしものときの

やってはいけない

20代

60代

tips 3 「株」を買う
20代こそ「株式投資」で増やす

　投資は誰かに任せて失敗して他人を恨むよりも、自分でやって悔しい思いをしたほうが勉強になります。失敗の悔しさの中で学んだことは、一生の宝になるからです。

　そこでおすすめなのが「**株式投資**」。

投資は自分でやってこそ！

　株式投資といえば、かなりの額のお金が必要だと思う方もおられますが、実は100円からできます。 ただ、できれば初心者は、10万円くらいからはじめるのがおすすめです。この額で該当するのは、東証一部、二部、マザーズ、ジャスダック、名証に上場している株だけでも1420銘柄（2021年6月2日現在）あります。

　　　　　　※2022年4月から、東証は再編により市場区分が3つに変更されます。

　たとえば**三菱ＵＦＪフィナンシャル・グループや丸紅、コニカミノルタ、ＥＮＥＯＳホールディングス、セブン銀行**など、みなさんにとって身近な企業の株も、10万円以内で買えます（2021年10月27日現在）。お小遣いでこうした企業の株を買ってみて、値動きをしっかり見ながら勉強してみましょう。

銘柄を選ぶコツ！

　株式投資の最も大きなリスクは企業破綻。

投資したお金がゼロになる可能性があるからです。

だから銘柄選びは慎重に、会社の財務内容を見ながら、まずは破綻しない会社を選びましょう。

投資の神様と言われる**ウォーレン・バフェット**も「投機としてではなく、会社を所有する覚悟で株を買う」と言います。そのためには、会社の見極めが必要です。

5倍の資金を用意しよう

株を買ったら、その5倍の資金を用意しましょう。

株は値上がりすれば売って儲けることができますが、値下がりするとリスクになります。そこで値下がりしたら、さらにもう1株買い、購入単価を下げることでリスクを下げる。そんな買い方もあるので、覚えておくといいでしょう（84ページ参照）。

もちろん借金があるなら、株式投資よりも借金返済を優先するようにしてください。

tips 4 「ETF」を買う
少額で世界経済の動きがわかる!

株価や先物など世界の動きを知るのにいいのが「ETF」。
「ETF」とは、「Exchange Traded Fund」の略で「**上場投資信託**」と言われます。

「ETF」は**日経平均**や**TOPIX**（東証株価指数）、**NYダウ**などと同じような動きをするようにつくられている投資信託の一種で、株だけでなく不動産や債券、商品先物などさまざまなものに連動したものがあり業界別に経済の先を読むのに役立ちます。

ETFは証券取引所で買える!

日経平均は、日本を代表する225社の株の平均ですから、自分で225社の株を1つずつ買えば日経平均と同じ値動きになります。でもそれではお金がかかりすぎる！　そこで専門の会社が日経平均と同じような動きをする商品をつくり手軽に1万円程度から買えるようにしたのが「ETF」です。

「ETF」は東京証券取引所で買えるものだけでも200銘柄以上あり、中でもこれからさまざまな仕事をしていく20代の方におすすめなのが、原油などの商品先物に連動するものです。

勉強になり儲けも出るかも!?

2021年から、ガソリンや穀物が異様なほど高騰し、家計にダ

メージを与えています。

　原油やガソリン、大豆、トウモロコシ、小麦などは、**先物市場**というところで取引され、そこで先々みんなが「上がるだろう」と予測すると指数が上がり、下がると予測されると下がります。

　この先物指数がすぐわかる「ＥＴＦ」を持っていると、経済の予想をしやすく、値上がりすれば儲けも出ます。

300円で買えるものも！

　東京証券取引所で買える「ＥＴＦ」で、世界的な先物の銘柄は、**WisdomTree** という会社の下記のような銘柄。ちなみに天然ガス上場投資信託は、今まで１円から２円（買うときは100口単位なので実際には100円から200円）で買えたのですが、原油価格の高騰で今は３円になっています（2021年11月現在）。**それでも300円で買えますから、勉強代としては安いでしょう。**

■ WisdomTreeのＥＴＦ（2021年10月現在）

金上場投資信託	天然ガス上場投資信託
銀上場投資信託	WTI原油上場投資信託
白金上場投資信託	ガソリン上場投資信託
パラジウム上場投資信託	アルミニウム上場投資信託
貴金属バスケット上場投資信託	銅上場投資信託
ブロード上場投資信託	ニッケル上場投資信託
エネルギー上場投資信託	小麦上場投資信託
産業用金属上場投資信託	とうもろこし上場投資信託
農産物上場投資信託	大豆上場投資信託
穀物上場投資信託	

tips
5 「ふるさと納税」をする

おトクに生活必需品を手に入れる

「ふるさと納税」は、国や地方自治体に支払う所得税や住民税を、寄付金制度を使って好きな自治体に寄付するもの。支払う税金は安くなりますが、そのぶん寄付をするので財布から出て行くお金は同じ。寄附金控除なので2000円は自己負担になります。

けれどそれを上回るお礼の品がもらえるのが魅力で大人気！

独身で年収300万円なら2万8000円まで、400万円なら４万2000円までの寄付が対象になり、その３割程度のお礼の品が自治体から送られてくるのでおトクです。

復興支援にもなる！

肉や魚といったさまざまな返礼品に目を奪われがちなふるさと納税ですが、20代で余裕があるなら**災害の現場に役立てるのはどうでしょう。**

たとえばふるさと納税のガイド的なサイト「**ふるさとチョイス**」では、新型コロナが流行した2020年３月から、「コロナに立ち向かう地域応援プロジェクト」を立ち上げています。

これは**新型コロナで苦境に立たされた地域の方々に、ふるさと納税を通してさまざまな支援をしていこう**というもので、2021年６月末までに、寄付数は約116万件、寄付者は約53万人、寄付額は約180億円にも達しています。

通常のふるさと納税では寄付額の3割相当が返礼品にあてられますが、災害支援のふるさと納税に返礼品はありません。**その代わり被災自治体は寄付全額を復興のために使えます**。

楽器を寄付する

あるいは今、注目されているのが「楽器寄附ふるさと納税」。

これは全国に眠る使われなくなった楽器を、学校や音楽団体などへ自治体を通じて寄付するというものです。

「楽器寄附ふるさと納税」を行うには、ホームページにある希望リストを見て、寄付したい学校等を選択、自治体あてに楽器査定の申込みをします。

この査定額に納得できれば、最終査定額を寄付したとみなされ、寄付が実行されるしくみです。査定額から2000円を引いた額が税額控除されるので、確定申告はお忘れなく！

「楽器寄附ふるさと納税」にも返礼品はありませんが、単に楽器を売るのと違って、感謝の手紙が届いたり、演奏会に招待されることもあるようです。

「ふるさと納税」で生活必需品をもらおう

「給料が増えない」という方は、こうした制度を使って生活必需品をもらうことで生活費を下げるという方法もあります。

2000円はかかりますが、これはやって損のないおトクな制度。若い方は特に、ぜひ検討するといいでしょう。**若いうちからはじめれば、はじめた分だけおトクです**。

ズボラ

節約

キャッシュレス

臆病

パート主婦

おひとりさま

もしもの
ときの

やっては
いけない

20
代

60
代

for 20s

tips 6 「趣味」でお金を増やす
チーム応援でお金を増やす!

　20代は100万円までしっかり貯めたら、そこからは運用を目的に、少しでも利率の高い預け先に預けましょう。

　その際、金利だけで金融機関を選ぶのもいいですが、好きなスポーツチームを応援しながら増やせたら楽しいですよね?

チームが勝ったら利率も上がる?!

　たとえば野球。**広島銀行の「カープを応援しよう!定期預金」**は、カープの成績次第で預金金利への上乗せがある預金です。

　リーグ優勝したら通常金利にプラス0.05%、クライマックスシリーズ進出ならプラス0.025%など応援のしがいがある商品です。同様、もみじ銀行にも**「カープV預金」**があります。

　大垣共立銀行の**VIVA!ドラゴンズ「スーパー打率定期預金」**は中日ドラゴンズの選手の最高打率に応じて金利を上乗せする定期預金。たとえばドラゴンズの選手の最高打率が3割4分8厘なら、年0.035%の金利が上乗せされます。

　横浜信用金庫には、横浜DeNAベイスターズと横浜F・マリノスを応援する**「がんばろう横浜キャンペーン」**があります。こちらはリーグ戦で優勝すると、現金をプレゼント。尼崎信用金庫の**がんばれ阪神タイガース定期預金「虎軍常勝」**は、阪神タイガースの勝利数などによりお楽しみがある商品です。

パ・リーグでは、楽天銀行が「楽天イーグルス応援キャンペーン」を行っており、口座を開設して3000円以上入金すると、チームの成績次第で楽天ポイントがもらえる抽選や選手直筆サイン入りグッズなどがもらえるサービスを行っています。

　福岡銀行や熊本銀行、十八親和銀行には「**ホークス応援定期預金キャンペーン**」が、ちば興銀には「**マリーンズ応援団定期**」があります。

サッカー商品もある!

　サッカーでは、清水銀行に「**清水エスパルス応援定期預金**」があり、スーパー定期１年ものの金利が年0.1％。ホームゲームで勝利すると０.０１％の金利上乗せ、すべてのホームゲームで勝利すると金利は最大０.２９％になるという商品です。

　松本信用金庫の「**がんばれ!松本山雅ＦＣ定期預金**」は、平均観客入場者数によって、０.０１～０.０３％までの金利上乗せ。

　豊和銀行の「**がんばれ大分トリニータ応援定期預金**」は、定期預金の金利が店頭表示金利の10倍になったり、広島県信用組合の「**サンフレッチェ広島応援定期預金**」は、サンフレッチェ広島の公式戦の年間順位に応じて、通常金利への上乗せがある商品です。

　女子サッカーはちば興銀が「**オルカ鴨川ＦＣ応援定期預金**」をはじめ、なでしこ２部リーグで１位なら０.２％、２位なら０.11％の金利上乗せをしています。**自宅で好きなチームを応援しながらお金が増えれば一石二鳥ですよね。**

※いずれも商品の詳細や最新情報は各自ご確認ください。

ズボラ　節約　キャッシュレス　臆病　パート・主婦　おひとりさま　もしものときの　やってはいけない　20代　60代

tips 7 「クラウドファンディング」に挑戦する

銀行以外でお金を集める

クラウドファンディングとは、何らかの目的でお金がほしい人がインターネットを通して資金を集め、趣旨に賛同した人が出資をするしくみです。

素晴らしい事業のアイデアを思いついたとしても、現実的には資金がなくてなかなか実現できず、銀行で頼んでも実績がないので貸してくれないケースは多くあります。

20代に限ったことではありませんが、**お金がないので事業ができないとあきらめず、アイデアに賛同してお金を出してくれる人を募集しましょう。** あるいは逆に、それが将来有望で、自分もそこに出資すれば儲かると思ったらお金を出すのもいいでしょう。

クラウドファンディングとは?

お金を集めたいと思ったら、まず、クラウドファンディングを運営する会社（CAMPFIRE・READYFOR・Makuake など）のウェブサイトで、事業に対する熱意や意義、事業計画を語ります。**するとそれに賛同した不特定多数の人たちが、数千円から数十万円程度のお金をネットを通じて出し合って、事業の実現を応援します。**

このしくみは、地方創生にも役立つという観点から、自治体でも公式に採用するところがあるようです。

ズボラ

節約

キャッシュレス

臓病

パート主婦

おひとりさま

もしものときの

やってはいけない

20代

60代

やってみよう!

　クラウドファンディングの種類には、大きくは「**寄付型**」「**購入型**」「**投資型**」があります（下図参照）。

　日本で成立件数が一番多いのが CAMPFIRE や READYFOR。どちらも購入型のクラウドファンディングなので、興味がある人はちょっと覗いてみるといいでしょう。

　投資と考えたらハイリスク・ハイターン。けれど誰かが何かをしたいがために出資者を募り、夢を実現させるというしくみは、**投資の原点**でもあります。

　また自分には起業の意欲はないけれど、起業したい人を応援するのも投資の原点。その事業が失敗するリスクも当然ありますが、若いうちなら失敗しても取り戻す時間はあります。むしろ、そうしたやり取りの中で、学ぶべきものの方が多いでしょう。

■ クラウドファンディングの種類

🪙 寄付型

見返りを求めない投資。たとえば東日本大震災で、津波の被害を受けた牡蠣の養殖場が復活支援を募集。見返りは基本なしだが、復活のあと育った牡蠣が送られることも。

🪙 購入型

お礼の品が送られる投資。たとえばパン屋をはじめたい人が出資を募り、営業をスタートできたら出資者に定期的にパンを贈るなど。ただし出資金は店の開店に使われるので、出資額に見合うモノが贈られるとは限らない。

🪙 投資型

大規模な新規事業をはじめるケースが多く、売り上げ目標や事業計画などの詳細が示され、出資者は元が取れる事業かどうかを検討する。ビジネスライクな面が強い。

tips
8

「起業」する

「日本政策金融公庫」で
お金を借りる

年配の方の場合、リスクが高い**起業**はあまりおすすめできませんが、若いうちは何ごとも勉強。**今の20代は、完全に終身雇用や年功序列が崩れた中で生きるのですから、自分でリスクをとる生き方を、若いうちから身につけなくてはなりません。**

銀行でお金を借りるには?

起業するには前項で紹介したように、クラウドファンディングでお金を集める方法もありますが、**ここでは正攻法で「金融機関からお金を借りる」方法を考えてみましょう。**

起業にはそれなりの資金が必要ですが、このときたいていの人は今までの貯金を投じたり、親戚縁者に頼ることが多いようです。**けれどそれは絶対にやめたほうがいい。**なぜなら管理が甘くなったり失敗したら大きな禍根を残すことになりかねないからです。

そうはいっても、**海のものとも山のものともわからない若者の"起業プラン"に、金融機関がおいそれとお金を貸してくれるわけがありません。**そこでチャレンジしたいのが、政府系の金融機関である**日本政策金融公庫**でお金を借りるプランです。

日本政策金融公庫とは

日本政策金融公庫は政府系の金融機関で、若者の起業に肯定的。

ズボラ

節約

キャッシュレス

臆病

パート・主婦

おひとりさま

もしもの
ときの

やっては
いけない

20
代

60
代

下図のような貸付メニューがあります。

　まずは自分なりの「事業計画書」を用意します。ただし、**その事業計画書では99％、お金は借りられないと覚悟しましょう。** なぜなら相手は融資のプロ。資金回収の見込みが1％でもなければ、大切なお金は貸せないからです。

　起業への意欲がある人は、往々にして思いばかりが先走って自己流になりがち。それが失敗の拡大にもつながります。ですから**まずは厳しい第三者のプロの目からアドバイスをもらい成功確率を上げる**のです。最初は却下されるでしょうが、理由を聞きつつ指摘箇所を練り直せば、融資が受けられる頃には、事業リスクや失敗もきっと少なくなるはずです。

　今、会社にお勤めの方なら、退社の前にバージョンアップした事業計画にしておけば、スムーズに起業できるかもしれません。

■ 日本政策金融公庫の貸付メニュー

日本政策金融公庫

融資制度	ご利用いただける方	融資限度額	融資期間(うち据置期間)
新規開業資金	新たに事業を始める方または事業開始後おおむね7年以内の方	7,200万円 (うち運転資金 4,800万円)	設備資金:20年以内 (2年以内) 運転資金:7年以内 (2年以内)
女性、若者／シニア起業家支援資金	女性または35歳未満か55歳以上の方であって、新たに事業を始める方または事業開始後おおむね7年以内の方	7,200万円 (うち運転資金 4,800万円)	設備資金:20年以内 (2年以内) 運転資金:7年以内 (2年以内)
再挑戦支援資金(再チャレンジ支援融資)	廃業歴等のある方など一定の要件に該当する方で、新たに事業を始める方または事業開始後おおむね7年以内の方	7,200万円 (うち運転資金 4,800万円)	設備資金:20年以内 (2年以内) 運転資金:7年以内 (2年以内)
新事業活動促進資金	経営多角化、事業転換などにより、第二創業などを図る方	7,200万円 (うち運転資金 4,800万円)	設備資金:20年以内 (2年以内) 運転資金:7年以内 (2年以内)
中小企業経営力強化資金	外部専門家の指導や助言、または「中小企業の会計に関する基本要領」の適用などにより、経営力の強化を図る方	7,200万円 (うち運転資金 4,800万円)	設備資金:20年以内 (2年以内) 運転資金:7年以内 (2年以内)

「教育資金」を貯める

tips 9

大学進学させるなら
1人1000万円必要

20代でもすでに結婚して子どもがいるという方は、投資より家計を優先しなくてはなりませんね。

日本は教育にお金を出さない!

日本は、国が教育にお金を出さない国です。

経済協力開発機構（OECD）の2018年版の国内総生産（GDP）のうち、小学校から大学までの教育機関に対する公的支出の割合は、日本は2.9％で、比較可能な**34カ国中で最下位**！

日本は実は子どもの7人に1人が貧困。これは食べるものがなくて飢えに苦しむという「絶対的な貧困」ではなく、教育や経験や体験の機会が狭められる**「相対的貧困」**です。

家が豊かでないために、お金の問題で低学歴にならざるを得ないケースが多く、正規の職につけない傾向も。結果、収入が低いので、家庭を持っても子どもの教育にお金を注ぐことができず、子どももまた低学歴になるという**負の連鎖**に陥りやすい状況です。

教育費は1人1000万円!

日本政策金融公庫の「教育費負担の実態調査（令和2年度）」によると、高校入学から大学卒業までにかかる教育費（入在学費用）は、子ども1人なんと約965万円。これはお父さんの給料が

下がる中、なんと右肩上がりになっています。

そのため**年収200〜400万円未満の家庭の世帯年収に占める在学費用（子ども全員にかかる費用の合計）の割合は約3割！**

国がお金を出さないのですから、義務教育の小学校、中学校は別として、その上の高校、大学に行こうと思ったら、家計からお金を捻出するしかありません。

今や国立大学でも自宅から4年間通ったら約500万円かかる時代。下宿だと1000万円近くかかります。これが私立なら学部によっても違いますが、自宅からだと700万円、下宿だと1000万円以上かかります。もし20代で子どもがいるとしたら、今からしっかり貯金をはじめなくては間に合いません。

義務教育の間にお金を貯めよう

教育費が最も貯めやすいのは、子どもが義務教育の間。その間も塾に通わせたり習いごとをさせたりとお金はかかりますが、それでもまだ猛烈にかかるわけではありません。本当にお金がかかってくるのは、高校、大学に通うようになってから。

もし子どもを大学まで行かせたいなら、小さなときにやたらに習いごとをさせたり、塾に行かせるのは控えたほうがいいでしょう。**そこにお金をかけすぎると大学に進学できなくなるからです。**

文部科学省の調べでは、短大や大学などを中退した人は2020年4月から12月までの間に全国で約3万人いました。このうち新型コロナの影響でバイトをクビになったなどの理由で退学せざるをえなかった子どもは1367人。こうしたことがないように、今からしっかり貯金しましょう。

tips 10 「人生計画」をたてる
50歳で借金ゼロが目標!

　20代の人に50歳のときの話をするのは早いと思われるかもしれませんが、**20代でやっておかなくてはいけないことは、できる限り現金を貯め、なるべく大きな借金をしないこと**です。

「年金」よりも「現金」!

　20代の人は、年金生活後の人生を考えるより、50歳までにどうしておくべきかを考えたほうが現実的です。

　なぜなら60歳を過ぎると人生守りに入っていくのでなかなか思い切ったことができません。でも50歳を一区切りと考えると、20代は人生100年時代のちょうど折り返し地点。これからなんでもできるはずです。

「資産の棚卸し」をしよう

　50歳を1つの節目と考えたとき大切なのは、**50歳の時点で貯金と借金を洗い出し、これがプラス・マイナス・ゼロになっていることです。**

　たとえ50歳の時点で**貯金ゼロ**であっても、住宅ローンを払い終えていれば、60歳までの10年でしっかり老後資金を貯められます。

　50歳になると、子どもが社会人になって教育費がかからなく

なったり、奥さんもパートに出るご家庭が増えます。

その時点で住宅ローンの返済が**繰上げ返済**などで終わっていれば（もしくはローンと同額の貯金があれば）、それまでローンで返済していたお金を貯蓄に回したり、子どもにかかっていた教育資金を貯蓄に回したり、奥さんのパート代を貯金にまわすことができます。

これだけで月約15万円。**月に15万円の貯蓄ができれば、60歳までの10年間で、1800万円が貯金できます。**

自由な人生の選択を！

50歳で貯金と負債をプラス・マイナス・ゼロにするというのは、結婚してマイホームを買い、子どもを育てた人のケースなので、独身で賃貸暮らしという人は、50歳でそれなりに貯金が必要なことは言うまでもありません。

ただいずれの方も、まずは見開きの大学ノートなどに、今ある負債と貯蓄を書き出し「資産の棚卸し」をしたり、今後の人生計画をたててみるのがおすすめです。

このとき貯蓄よりも負債が多いなら、積極的に負債を減らしたり、妻にしっかり働いてもらおうと、気づく人もいるでしょう。

いずれにしても50歳時点での借金が多過ぎて無理だということがわかったら、プラス・マイナス・ゼロに少しでも近づくよう計画し直すことが重要です。

これからは、1つの会社で一生働き続ける時代ではなく、仕事もどんどん変わる可能性があります。しかしそうした変化の中でも、**負の資産（借金）が少なければ、新しい人生に踏み出すとき経済的なストレスが少なく前進しやすい**人生を歩めます。

ズボラ
節約
キャッシュレス
臆病
パート主婦
おひとりさま
もしものときの
やってはいけない
20代
60代

「60代」向け
お金ベスト10

for 60s

tips 1 「年金計画」をたてる

受給が早いと30％減、
遅いと42％増！

年金は基本的には65歳支給です。 けれど希望すれば、60歳から70歳の間にもらいはじめることが可能です。また2022年4月以降は、この選択幅が75歳まで広がります。

65歳より早くもらいはじめることを**繰上げ受給**といい、65歳より後にもらいはじめることを**繰下げ受給**といいます。

早くもらう？ 遅くもらう？

年金はもらいはじめる年齢が65歳より早いと少なく、遅いと多くなります。早くもらいはじめる**繰上げ受給では１カ月早まるごとに年金額が0.5％減額**され、65歳より後にもらいはじめる**「繰下げ受給」では１カ月遅くなるごとに年金額が0.7％ずつ加算**されます。（※繰上げ受給は、2022年4月より、0.5％が0.4％に変更）

「健康寿命」がポイント！

たとえば65歳で月10万円の年金をもらえる年金を、75歳まで待てれば月の年金額は18万4000円！ なんだかおトクな気がします。でもこの場合、もし74歳で他界してしまったら、一銭も年金を受け取れません。

また、**「平均寿命」だけでなく「健康寿命」の問題もあります。**健康寿命とは身体に支障がなく、健康に動ける平均的な年齢のこ

と。2016年のデータを見ると、**男性の「平均寿命」は80.98歳、女性は87.14歳ですが、「健康寿命」は男性72.14歳、女性74.79歳**です。

　年金は体が動かなくなってからたくさんもらっても、楽しくないかもしれません。遊べるうちに年金が欲しいという人は、少額でも早くもらうという選択も「**アリ**」かもしれません。ただ人間の寿命は誰にもわからないもの。こればかりは悩ましいですね。

■ 年金額を比べてみよう

【60歳から年金をもらいはじめる場合】

65歳からもらいはじめる人より
0.5％×12カ月×5年分減る

つまり65歳で月10万円の年金をもらえる人が60歳でもらいはじめると

月**7万円**になるということ！ ◀これが一生続く！

76歳までに亡くなるなら60歳からもらい
はじめたほうがトク。77歳以上長生きするなら
65歳からもらいはじめたほうがトク！

損益分岐点
は77歳

【70歳から年金をもらいはじめる場合】

65歳からもらいはじめる人より
0.7％×12カ月×5年分増える

つまり65歳で月10万円の年金をもらえる人が70歳でもらいはじめると

月**14万2000円**になるということ！ ◀これが一生続く！

81歳までに亡くなるなら、65歳からもらい
はじめたほうがトク。82歳以上長生きするなら
70歳からもらいはじめたほうがトク！

損益分岐点
は82歳

ズボラ

節約

キャッシュレス

聴病

パート主婦

おひとりさま

もしものときの

やってはいけない

20代

60代

tips 2 「離婚」しない
離婚したら年金はたった10万円!?

「熟年離婚」という言葉があます。もちろんパートナーの暴力（ＤＶ）がひどくて、身の危険を感じる人なら、さっさと別れて新しい生活をはじめたほうが、幸せかもしれません。けれど「性格の不一致」程度なら、熟年離婚はなるべく避けたほうがいいかもしれません。

離婚したら夫婦共倒れ！

離婚したら、今は年金を夫婦で分割できるようになっています。それがたとえ離婚後でも、離婚した日の翌日から２年以内なら、相手に請求可能です。**でも年金は、２人では生きていけても１人ずつになって生きていくには心もとない金額です。**

夫婦でいれば心強い！

老後は病気をはじめ、さまざまなことが想定されます。そうしたときも、１人よりは２人のほうが心強い。

たとえば１人で入院しても２人で入院しても、実は同じ保険なら、**高額療養費制度でかかる医療費の上限は同じ**になります。

つまり70歳以上のご夫婦で課税所得が145万円未満なら、１人で100万円の入院費がかかっても支払い上限は月５万7600円。２人でそれぞれ100万円ずつの入院費がかかって計200万円でも、

■ 夫婦が離婚した場合

（夫が会社員、妻が専業主婦の場合）

年金
2人で20万円（仮）

10万円　　　10万円

1人10万円だと……

★ アパートを借りて暮らすのは大変!

★ 性格の不一致では慰謝料をもらえない!

★ 年齢的に子どもは大きく「養育費」も請求できない!

point!!

※分割の対象となるのは厚生年金部分（平成27年9月30日までの公務員の対象者は共済年金部分）。
自営業者などが加入している基礎年金や、公的年金ではない企業年金などは分割の対象外。

支払い上限額は同じく5万7600円になるのです。

　通院や介護の場合の上限はひとり1万8000円。こちらも同様、**世帯で合算できるしくみ**があります。

　住民税を課税されていない世帯の場合の上限は、世帯で2万4600円になります。

夫婦なら「節約」もうまくいく

　一人暮らしだと、経済的にも割高になります。一方、夫婦でいれば、冷暖房代の節約にもなりますしお風呂も続けて入れば追い焚きせずにすみます。映画も旅行も夫婦割引がいろいろあります。

　定年退職後は、夫婦にとって第二の人生のはじまりです。ゴールデンエイジにするためにも、お互いに気持ちを寄り添わせれば家計的にも有利です。

ズボラ

節約

キャッシュレス

臆病

パート・主婦

おひとりさま

もしものときの

やってはいけない

20代

60代

tips
3

できるだけ「働く」
合計月47万円まで働こう

60歳を過ぎても働きたい方は多いでしょう。ただ、**もらう給料と年金の合計が一定額を超えたら、年金が全部または一部カットされるので要注意!** これは「在職老齢年金」といって、60歳以上の働く人に適用されます。**この額が2022年4月から変わります。**

月28万円→47万円で働きやすく

現行（2021年9月1日現在）、60歳から64歳まで、給料と年金の合計額が月28万円以下なら、年金は全額支給されますが、**28万円を超えると、合計額から28万円を差し引いた額の2分の1が、年金支給額から減額されます（収入が47万円以下の場合）。**

この額が2022年4月から、現行の28万円から47万円に引き上げられます。つまり**賃金と年金を合わせて月47万円まで稼いでも、年金はカットされなくなる**わけです。

働けば年金も増える!

ちなみに現在は65歳以上で年金に加入しつつ働いても、70歳まで年金は増えません。しかしこれも**2022年4月からは、払った保険料が毎年もらう年金額に反映されることになりました。**

たとえば65歳以上で、年金を支払いながら働いた場合、10万

円の給料をもらう人の年金は月約500円、20万円の給料の場合は月約1100円増えることになります。**つまり国としては65歳を過ぎてもしっかり働いてもらいたいということです。**

2022年４月からは、70歳まで会社で働ける環境も整いつつあります。ですから22年からは60歳を過ぎてバリバリ働いても、年金カットをそこまで気にせず働ける人が増えるはずです。

ただ忘れてはいけないのは、こうした制度は多分に年金の給付年齢の引き上げに向けた動きの可能性が高いということ！

ですからこの先、年金の支給年齢が上がっても暮らしていけるよう、働けるうちはバリバリ働いて貯蓄額を増やしましょう。

■ 在職老齢年金とは？

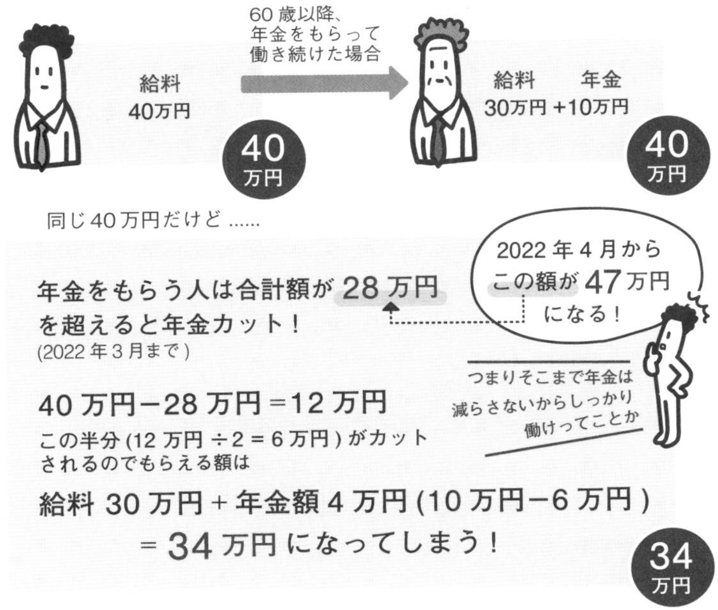

60歳以降、
年金をもらって
働き続けた場合
給料
40万円
40
万円
給料　年金
30万円 +10万円
40
万円
同じ40万円だけど……
年金をもらう人は合計額が 28万円
を超えると年金カット！
(2022年3月まで)
2022年4月から
この額が 47万円
になる！
つまりそこまで年金は
減らさないからしっかり
働けってことか
40万円－28万円＝12万円
この半分(12万円÷2＝6万円)がカット
されるのでもらえる額は
給料30万円＋年金額4万円(10万円－6万円)
＝34万円になってしまう！
34
万円

tips
4

「64歳11カ月」で
退職する
おトクに辞めよう!

　今、会社にお勤めの方は、**本人が望めば65歳までは会社が雇わなければならないことになっています**（高年齢者雇用安定法）。

　この法律が改定され令和3年4月からは、本人が望めば、70歳まで働き続けることが可能になります（ただ努力義務なので必ずしもまだ70歳まで雇用されるということではありません）。

　また「雇用延長」の場合、給料面ではそれまでと同額をもらえる会社はほとんどなく、それなりに給与ダウンすることは覚悟する必要があるでしょう。ですから、70歳まで働ける企業は出てきますが、**ほとんどの会社は65歳まで働いて退職し、その後に年金をもらって年金生活に突入するパターン**になるかもしれません。

タッチの差で超おトク!

　もし雇用延長で65歳まで働く気なら、**65歳になる1カ月前に会社をやめたほうが、老後にもらえるお金の手取り金額が増える**かもしれません。なぜなら65歳になる1カ月前にやめると、「**失業手当**」と「**老後の年金**」の両方をもらえるからです。

　「失業手当」は、65歳未満で退職した場合、65歳になってから退職するより給付金が多くなります。

　65歳未満で退職した場合、自己都合で退職したとしても失業手当は**90〜150日分**、支払われます。65歳を過ぎても働きたい

という意欲があって職探しをすれば、失業手当の対象となるのです。一方、**65歳を過ぎると「失業手当」が「高年齢求職者給付金」という名前になって、一時金で30日または50日の手当しかもらえなくなります。**

つまり65歳で退職して「高年齢求職者給付金」をもらうより、65歳の誕生日を迎える前に退職して「失業手当」をもらったほうがトクなのです。

64歳で辞めたら!?

では64歳で辞めて「失業手当」をもらうのはどうでしょう。

実は人によっては60歳から65歳までの間に「**特別支給の老齢厚生年金**」（報酬比例部分）をもらうことができるのですが、「失業手当」と「特別支給の老齢厚生年金」は、両方もらうことができません。

どうすれば両方もらえるかといえば、ベストな方法は、65歳になる1カ月前の64歳11カ月で会社を辞めること！

64歳で辞めると、「失業手当」をもらうか「特別支給の老齢厚生年金」をもらうか、どちらかを選ばなくてはなりませんが、65歳の誕生日まで1カ月を切ったところまで働いて「特別支給の老齢厚生年金」をもらっておけば、もらった年金は返還請求されません。しかも、65歳の1カ月前までは64歳なので、「失業手当」が「高年齢求職者給付金」とはならず、こちらもしっかりもらえます。

つまり、**退職するなら64歳11カ月にすれば、「特別支給の老齢厚生年金」は返還請求されず、「失業手当」ももらう金額が減らずにすむのでおトクなのです。**

ズボラ

節約

キャッシュレス

臆病

パート・主婦

おひとりさま

もしもの　ときの

やっては　いけない

20代

60代

tips 5

「退職金」は 一時金でもらう

税金がゼロになる!?

会社を辞めるときには、多くの会社で**退職金**がでます。

この退職金のもらい方には、次の3つのパターンがあります。

・**一時金でもらう**

・**一時金と企業年金でもらう**

・**企業年金でもらう**

企業年金を導入していない会社は、一時金でもらうことになりますが、企業年金がある会社は、もらい方を本人が選べるところが多くあります。

ではどのようにもらうのが有利でしょうか。

「一時金」がトク!

次の計算式を参照ください。**実は退職金を一時金でもらうと、退職金の「所得控除」で、ほとんどの人は税金を払わなくていいようになっています。**

中央労働委員会の「賃金事情等総合調査（令和元年）」によると、大企業の平均退職金額は、**大卒2290万円、高卒1859万円**。中小企業はこれより少ないところがほとんどです。

つまり退職金は、一時金でもらえばほとんどの場合、税金がかからないと思っていいわけです。

ズボラ

節約

キャッシュレス

臓病

パート・主婦

おひとりさま

もしものときの

やってはいけない

20代

60代

■ 退職金の所得控除の計算

【一時金でもらった場合】

[控除額] ※20年以上勤めた場合

800万円 + (勤続年数 − 20年) × 70万円

例 勤続40年で2200万円の退職金をもらった場合

800万円 + (40 − 20) × 70万円 = 2200万円

この分が控除
つまりこの場合、税金は**ゼロ**ってこと!

【企業年金でもらった場合】

[控除額]

225万円まで

※65歳以上

例 公的年金 + 分割でもらう退職金が年間350万円の場合

350万円 − 225万円 = 125万円

課税の可能性アリ

この課税がずっと続く & 高収入だと
健康保険の負担増などの可能性もアリ!

退職金が普通の人より多い人は、「退職所得控除額」でめいっぱい
節税し、節税できない分を企業年金でもらうと節税効果up!

「退職金」は貯金しよう

定年退職で退職金をもらうと、まとまった額が振り込まれるので、すかさず銀行から電話がきて「貯金しても増えませんから、投資信託をしませんか」という誘いがきます。けれど**そんな誘いに乗ってはいけません!**

なぜなら退職金は、人生最後のまとまった収入。**老後にかかる医療費や介護費用はここからまかなわなくてはならない**からです。

tips
6

「介護費用」を取り戻す
確定申告でお金が戻る!

60歳を超えると「介護」の問題が急に身近になってきます。

目の前にあるのが**親の介護**、その先にあるのが**自分自身の介護**です。実はあまり知られていませんが、**親の介護費用は「医療費控除」の対象になります。**

「医療費控除」とは?

医療費控除は、年間10万円以上（所得合計額が200万円までなら5％）医療費を使っていれば、10万円を超えた分の税金が、控除になるというもの。実はあまり知られていませんが、**親の介護費用も、この医療費控除の対象になるものがたくさんあります。**

■ 医療費控除とは?

家族の医療費が以下の場合

父	母	長女	次女	祖父	祖母
2万円	3万円	3万円	4万円	4万円	4万円

離れて住んでいる
両親でも、仕送りなど
していれば合算できる

合計
20万円

(控除額の計算)

20万円－10万円＝10万円 ← この分が
医療費控除
の対象に

所得税率が一番高い人が
まとめて確定申告すると
戻り率が最大に!

この場合、父親の年収が600万円なら所得税率は
20%なので10万円の20%の2万円が戻ってくる!

オムツも対象になる！

在宅での介護サービスには、看護やリハビリテーションなどの「医療系サービス」と介護や生活援助などの「福祉系サービス」がありますが、**控除の対象となるのは主に「医療系サービス」**です（両方とも控除対象になる場合もあります）。

「控除対象サービスかどうか」や「控除になる割合」などは複雑ですが、**領収書には控除の対象かそうでないかが書かれています**し、わからなければ税務署に聞けば親切に教えてもらえます。

たとえば、赤ちゃんのオムツ代は医療費控除の対象にはなりませんが、**高齢者のオムツ代**は、半年以上寝たきりで、医師が発行する「おむつ使用証明書」があると対象になります。

合算しよう

医療費控除は、自分や妻が介護状態になっても使えます。

ただ、ここで問題なのは、「医療費控除」で戻してもらうだけの税金を払っているかどうかということ。

年金生活でほぼ税金を払っていないなら、控除の可否より**介護にかかる費用そのものを安くすることを考えた方がいいでしょう。**

ちなみに介護費は、1カ月に支払う費用の上限が決まっていて、これを超えたら、超えたぶんは請求すれば戻してもらえる「**高額介護サービス費**」という制度があります。

また、介護費用だけでなく医療費も高かったときは、介護費用と医療費の自己負担分を合算して一定限度額を超えると、超えたぶんを申請すれば、戻してもらえる「**高額医療・高額介護合算療養費制度**」というものもあります。

ズボラ

節約

キャッシュレス

臆病

パート・主婦

おひとりさま

もしものときの

やってはいけない

20代

60代

tips
7

「遺産」をもらう

介護したら妻も寄与分がもらえる

　親の財産を相続するには、順番があります。

　民法では、相続人の範囲を右の図のように定めています。

　まずは配偶者と第一順位の子ども。配偶者がすでに他界している場合は、子どもが相続します。

　もし、子どもがいなかったり、いてもすでに他界している場合は、配偶者と親が相続します。配偶者がいない場合は、親が相続します（**第2順位**）。

　子どもも親もいない場合は配偶者と、他界した方の兄弟姉妹が相続します（**第3順位**）。このときもし、配偶者がいなかったら、兄弟姉妹で相続することになります。

介護をしたら「寄与分」がもらえる!

　では、親が亡くなったとき、**息子娘以上に甲斐甲斐しく介護をした「妻」は財産をもらえないのでしょうか。**

　以前はどんなに故人に尽くしても、相続は基本的には相続人にしか認められませんでした。

　けれど、多くのご家庭では親の介護を相続人ではない息子の嫁が担っているケースが多くあります。そこで法律が改定され、相続人でない親族でも、無償で介護するなどの労力で貢献したらそれは**「寄与分」**として認められ、**金銭（特別寄与料）を請求でき**

■ 相続の順位

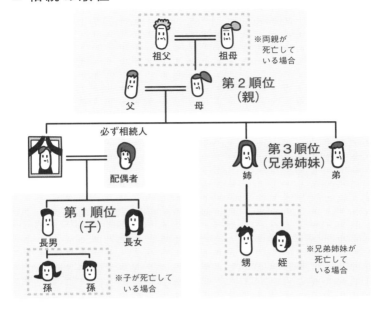

ることになりました。 対象となるのは6親等内の血族と3親等内の姻族です。

金額は少ない?

ただ寄与分は、それほど多く期待できないかもしれません。

なぜなら、60歳以上の世帯の貯蓄額の中央値は1592万円（2017年版高齢社会白書）。これを仮に3人の相続者で均等に分けたとすると1人約500万円。嫁の寄与度がこれ以上とは考えにくいでしょう。何年間介護をしてどんな状況だったかにもよりますが、献身的に介護したとしても、実際には相続財産の1割程度。でも「気は心」。故人からのお礼の気持ちと思いましょう。

ズボラ

節約

キャッシュレス

臓病

パート・主婦

おひとりさま

もしもの
と葬の

やっては
いけない

20代

60代

tips 8 「企業年金」を チェックする

もらい忘れは損!

みなさんは**企業年金**を知っていますか?

企業年金とは、企業が独自に公的年金に上乗せしている年金で、働いている会社に企業年金があれば、たとえ1カ月のみの加入でも、一生涯年金をもらえます。

ところがそれを忘れて**企業年金をもらい忘れている人が、なんと2020年3月末現在で、114万6000人もいるのです**。

女性は特に要注意!

原因はさまざま考えられますが、中でも多いのが**結婚して企業を退社してしまったケース**。企業年金がある企業に勤め、そこで知り合った人と結婚し、姓が変わり、会社を辞めて住むところが変わってしまうと、通知が届かないことが多くあります。

企業年金の中で大きな割合を占める厚生年金基金は、60歳になってはじめて支給されます。かつて勤めていた会社に厚生年金基金があり、**加入していたことを覚えていれば請求できますが、忘れていたら請求せずに、もらい忘れの年金となってしまいます**。

調べてみよう!

企業年金は、本人から申し出がない限り支給しようがないので、もし心当たりがあるなら、**かつて勤務していた会社**、あるいは勤

ズボラ

節約

キャッシュレス

胆病

パート・主婦

おひとりさま

もしもの
ときの

やっては
いけない

20
代

60
代

務していた会社が厚生年金基金を解散している場合には、**企業年金連合会**に問い合わせてみましょう。

　10年未満など短期の加入者や、10年以上加入したものの厚生年金基金自体が解散している場合でも、積み立てた企業年金は企業年金連合会に移管されるので**調べる価値アリ**です。

■「企業年金」忘れてませんか?

会社に勤めた
ことがある

check!

↓ はい

会社に「厚生年金基金」
または「確定給付企業年金」
の制度があった

→ わからない

勤めていた会社に
お問い合わせください

↓ はい

会社を中途退職した

→ いいえ

厚生年金基金・企業年金基金
または勤めていた会社に
お問い合わせください

↓ はい

企業年金連合会の年金が
受け取れる可能性があります
下記にお問い合わせください

調べるには氏名、生年月日、
住所、年金手帳の基礎年金番号、
厚生年金基金の名称、
加入員番号などが必要!

● 企業年金コールセンター
0570-02-2666 ※受付は平日午前9時から午後5時

● インターネットで記録を確認
「企業年金連合会」のホームページで記録を確認
　　　　　　※利用時間は朝6時から午後10時

● 文書による問い合わせ
〒105-8772 東京都港区芝公園2-4-1 芝パークビルB館10階
　　　　　企業年金連合会　年金サービスセンター　年金相談室 企業年金連合会

tips 9 「年下の妻（夫）」が いるなら

「加給年金」がもらえる！

サラリーマンとして働き、**65歳で年金をもらうとき、扶養している年下の妻（夫）がいれば、「加給年金」が支給されるので、忘れずに申請しましょう。**

年下のパートナーがいるなら忘れずに！

「加給年金」がもらえる人は、20年以上、厚生年金や共済年金に加入して保険料を払い続けている夫で、65歳になった時点で夫より年下で扶養される妻がいたら、**夫の年金に加給年金が支給されます（同条件で妻が夫を扶養している場合も同じ。以下同）。**

また、妻だけでなく18歳未満の子どもがいた場合や20歳未満で1級または2級の障害を持った子どもがいる場合も、それぞれの年収が850万円未満なら加給年金が支給されます。**ただし、妻が20年以上、厚生年金や共済年金に加入し、すでに年金を受けとっていると、加給年金は出ません。**加給年金とは、夫が年金生活に入ったときに支給される「家族手当」のようなものだからです。

特別加算がある！

さらには妻が生まれた年によって、**特別加算**がつきます。特別加算額は次の表を参照。たとえば60歳（1961年生まれ）の妻がいたら、加給年金＋特別加算で、合計39万500円です。

ズボラ

節約

キャッシュレス

膳病

パート主婦

おひとりさま

もしもの ときの

やっては いけない

20 代

60 代

■ 配偶者加給年金額の特別加算額(令和3年4月から)

日本年金機構

受給権者の生年月日	特別加算額	加給年金額の合計額
昭和 9 年 4 月 2 日～昭和 15 年 4 月 1 日	33,200 円	257,900 円
昭和 15 年 4 月 2 日～昭和 16 年 4 月 1 日	66,300 円	291,000 円
昭和 16 年 4 月 2 日～昭和 17 年 4 月 1 日	99,500 円	324,200 円
昭和 17 年 4 月 2 日～昭和 18 年 4 月 1 日	132,600 円	357,300 円
昭和 18 年 4 月 2 日以後	165,800 円	390,500 円

振替加算をチェック!

　加給年金は妻が65歳になって年金をもらいはじめると、もらえなくなります。しかし代わりに妻は、65歳から**振替加算**をもらえる可能性があります。

年金を「繰下げ受給」で65歳以降にもらう人はどうでしょう。

　たとえば、次の図の夫が70歳から年金をもらうとすれば、加給年金はもらえませんが振替加算はもらえる可能性があります。

　ただ、サラリーマンの年金は、「老齢基礎年金」と「老齢厚生年金」を合わせたもので、加給年金がついているのは「老齢厚生年金」です。なので「老齢基礎年金」は繰下げ受給で70歳からもらうとしても、**「老齢厚生年金」は65歳からもらえば、「加給年金」を全額もらうことが可能です。**

■ 振替加算のしくみ

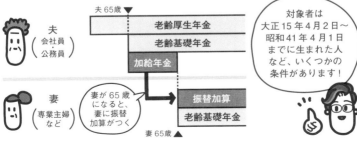

tips
10

「遺言書」をつくる
「お金」で争わない準備をしよう

　親にとっては自分の死後に、可愛い子ども達がわずかばかりの遺産を巡って争うなどの状況は、思い描きたくもないでしょう。

　けれど現実には、親がわずかばかりの遺産を残したがために、それを巡って子どもたちが「争続」に巻き込まれています。

　実は、**残された遺産額が1000万円以下であるにもかかわらず、裁判にまで持ち込まれた案件は３割以上**。これを5000万円まで拡げると、なんと全体の75%が「争続」になっています。

「遺言書」の有無がカギ

　「争続」は、遺産がたくさんある人のみに起きることと思われがちです。ではなぜこんなことになっているのでしょう。それは、多額の遺産がある人は、あらかじめ遺言書を書き、自分の死後の財産の分け方を争いがないよう示すケースが多いからです。

　一方、**1000万円以下の場合、「まさかこれくらいの額で子ども達がいがみあい、裁判を起こすには至らない」と親が思っている**のです。

早めに動こう!

　遺産相続では、お金以外の感情が絡むケースが多々あります。

　たとえば「**お兄ちゃんは、大学まで行かせてもらったのに、私**

ズボラ

節約

キャッシュレス

臓病

パート・主婦

おひとりさま

もしもの
ときの

やっては
いけない

20
代

60
代

は短大にしか行かせてもらえなかった」とか、「お姉ちゃんは、普段から可愛がられていろいろと買ってもらったのに、私はそんなに目をかけてもらえなかった」というように、それまでのさまざまな因縁が噴き出してくるのです。

でも、どんなに仲良く育った兄弟姉妹でも、いったん法廷で争えば、時間が経っても溝はなかなか埋まりません。

ですから思い当たる人は、親が元気なうちに遺言書を書かせたり、自分が親なら先に書いておきましょう。

なぜ、元気なうちでないとダメかと言えば、遺言ができる人は、遺言能力のある人（民法第963条）と定められ、**認知症の疑いがあったり著しく高齢である人が遺言書を書く場合には、遺言能力が問われる可能性があるからです。**

「遺言書」はパソコンでつくれる!

遺言書については、2019年1月13日から、自筆証書遺言の方式の緩和が施行されました。

これにより、今はパソコンなどで作成した目録を添付したり、銀行の通帳のコピーや不動産の登記事項証明書などを財産目録として添付できるようになったりと、作成が簡単になりました。

さらには**2020年7月10日から、公的機関である法務局で遺言を保管する制度が施行**され、遺言書の紛失や隠匿、真偽を争うなどの係争が減りそうなので、心当たりがある方は、ぜひ準備をはじめましょう。

[著者]

荻原博子（おぎわら・ひろこ）

1954（昭和29）年、長野県生まれ。経済ジャーナリスト。大学卒業後、経済事務所勤務を経て独立。経済のしくみを生活に根ざして解説する、家計経済のパイオニアとして活躍。著書に『役所は教えてくれない定年前後「お金」の裏ワザ』（SB新書）、『50代で決める！最強の「お金」戦略』（NHK出版新書）、『投資なんか、おやめなさい』『払ってはいけない』（新潮新書）、『私たちはなぜこんなに貧しくなったのか』（文藝春秋）など。

一生お金に困らない　お金ベスト100

2021年12月14日　第1刷発行

著　者―――荻原博子
発行所―――ダイヤモンド社
　　　　　　〒150-8409　東京都渋谷区神宮前6-12-17
　　　　　　https://www.diamond.co.jp/
　　　　　　電話／03･5778･7233（編集）　03･5778･7240（販売）

装丁―――――井上新八
イラスト・図版デザイン――荒井美樹
本文デザイン―――荒井雅美（トモエキコウ）
ＤＴＰ―――――アーティザンカンパニー株式会社
校正―――――鷗来堂
製作進行―――ダイヤモンド・グラフィック社
印刷―――――加藤文明社
製本―――――本間製本
編集担当―――石塚理恵子

©2021 Hiroko Ogiwara
ISBN 978-4-478-11494-0
落丁・乱丁本はお手数ですが小社営業局宛にお送りください。送料小社負担にてお取替えいたします。但し、古書店で購入されたものについてはお取替えできません。
無断転載・複製を禁ず
Printed in Japan

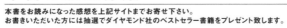

本書の感想募集 http://diamond.jp/list/books/review

本書をお読みになった感想を上記サイトまでお寄せ下さい。
お書きいただいた方には抽選でダイヤモンド社のベストセラー書籍をプレゼント致します。